# 心理课程指南

石建军 编著

泰山出版社·济南·

图书在版编目（CIP）数据

心理课程指南 / 石建军编著. —济南：泰山出版社，2023.1
ISBN 978-7-5519-0764-4

Ⅰ.①心… Ⅱ.①石… Ⅲ.①心理健康–健康教育–教学参考资料 Ⅳ.①G444

中国国家版本馆CIP数据核字（2023）第003912号

## XINLI KECHENG ZHINAN
## 心理课程指南

**责任编辑** 池　骋
**装帧设计** 路渊源

| | |
|---|---|
| 出版发行 | 泰山出版社 |
| 社　　址 | 济南市泺源大街2号　邮编　250014 |
| 电　　话 | 综合部（0531）82023579　82022566 |
| | 出版业务部（0531）82025510　82020455 |
| 网　　址 | www.tscbs.com |
| 电子信箱 | tscbs@sohu.com |
| 印　　刷 | 山东通达印刷有限公司 |
| 成品尺寸 | 145 mm×210 mm　32开 |
| 印　　张 | 6.5 |
| 字　　数 | 160千字 |
| 版　　次 | 2023年1月第1版 |
| 印　　次 | 2023年10月第2次印刷 |
| 标准书号 | ISBN 978-7-5519-0764-4 |
| 定　　价 | 26.00元 |

# 编制说明

我国中小学心理健康教育工作和相关课程的研究与实践之路已经走过了三十年。三十年来，中小学心理健康教育和心理健康教育课程从无到有，从零散到系统，从混乱到逐步规范，不断发展、进步。特别是2012年12月全国中小学心理健康教育工作会议的召开，标志着我国心理健康教育工作模式发生了根本性变化，即由原来的自下而上的自发探索转变为自上而下的行政推动。

为了更好地规范心理健康教育课程在中小学的开设，我在2014年组织成立了"济南市中小学心理健康教育课程指南"项目组，对心理健康教育课程问题进行研究。项目组首先确定了心理学科的学习领域。在教育部《中小学心理健康教育指导纲要（2012年修订）》提出的心理健康教育工作的六大主要内容的基础上，根据工作实际和学生需要，又增加了生命教育和性教育，构成了八大学习领域。然后组织成员对我国中小学心理健康教育课程的有关文献进行学习和梳理，分别完成了八大学习领域的文献述评，为课程标准的研制奠定了扎实的理论基础。这一年适值原济南市教学研究室、原济南市教育科学研究所整合组建济南市教育教学研究院，项目组工作一度延迟。

2018年5月，项目组组织成员重新启动了心理课程核心素养和心理课程目标的研究。历时两年，初步确立了心理学科修己达人济天下的核心素养和各领域的课程目标。

2020年8月，"济南市中小学心理课程标准编制和使用研究"被立项为山东省教育科学"十三五"规划2020年度一般课题（批准号：2020YB075）。其后，借助课题的推动，项目组加快了研究的进度。我们一边向专家请教，一边开展研制，在九个月的时间里，先后召开了四次工作会，推动各领域的课程内容、发展标准等完成初稿。之后，又经四轮次统一组织的反复修订，在2021年6月完成了《济南市中小学心理课程标准（实验稿）》。

2021年8月底，济南市教育教学研究院下发通知，在全市推广使用本课程标准。欢迎老师们在使用过程中提出更好的修改建议，以使本标准更趋合理和完善，使我们的心理课程教学更趋科学和规范。

石建军

2021年8月

# 目录

**心理课程标准** ·················································· 1

  第一部分  课程性质与基本理念 ······················ 2

  第二部分  学科核心素养与设计依据 ·················· 8

  第三部分  课程目标 ···································· 12

  第四部分  课程内容 ···································· 24

  第五部分  学生发展标准 ······························ 94

  第六部分  实施建议 ···································· 124

**活动设计举例** ·················································· 135

  自我意识领域活动设计举例 ····························· 136

  学习心理领域活动设计举例 ····························· 141

  情绪调适领域活动设计举例 ····························· 155

  性教育领域活动设计举例 ································ 162

  生命教育领域活动设计举例 ····························· 169

  生涯教育领域活动设计举例 ····························· 176

  生活和社会适应领域活动设计举例 ···················· 183

  积极心理学理念活动设计举例 ·························· 190

**后   记** ······························································ 198

# 心理课程标准

# 第一部分　课程性质与基本理念

## 一、心理课程的名称

　　据不完全统计，关于心理健康教育课程的名称先后有三十种之多。我们认为，中小学心理健康教育的课程宜统一称为心理课，理由如下。

　　其一，从学科通用的命名原则看，通常学科的命名或以对象命名，或以方法命名。课程作为狭义的学科，其命名也适用学科命名的原则，同时还要符合逻辑规则。从中小学课程名称的现实情况来看，一般采用的是以对象命名的方式，如语文课、数学课、英语课、科学课等。中小学心理健康教育专门课程的对象是学生的心理而非心理健康教育，这是显而易见的。

　　其二，从心理课在各地各校的实践情况来看，"心理课"最为简练，易读易记，也是学生的惯常称呼。绝大多数学生平常就这样说："下节课上什么？""上心理！"而很少有人说上心理辅导或心理健康教育等。他们称呼教授语文课程的老师为语文老师，称呼教授数学课程的老师为数学老师，称呼教授心理课程的老师为心理老师，而极少称呼心理活动老师或心理健康教育老师。

为什么不统一成其他的名称呢？在此，我们仅以较有代表性的几种名称进行论述。

为什么不宜叫心理活动课？早期人们为了凸显心理课与其他学科课程的不同，才会专门强调其活动性，冠以心理活动课或心理辅导活动课等名称。其实，活动教学法只是心理课最常用的教学方法之一，活动也只是心理课最经常的一种教学形式，而非其本质。

为什么不宜叫心理辅导课？有人曾专门辨析过心理辅导、心理咨询与心理治疗等概念的异同。心理辅导虽然是以正常人为工作对象，以团体辅导为主、个别辅导为辅，以发展与预防为主要功能的教育模式，但它与心理咨询之间并没有严格的界限，而是存在着部分重叠与交叉。而且心理辅导也是早期心理课程开设时，人们把心理课程与个别心理咨询区别的一种称谓。至于有的学者冠以班级之名，称为班级辅导课或班级心理辅导课，就更不宜了。因为任何课程都是以班级为单位进行的，即使为和一般的团体辅导区别而称之为班级辅导，在这里它也只是一种特定情境之下的称谓，而不宜作为心理课的统一称呼。

为什么不宜叫心理健康教育课？原因有三点。第一，虽然在教育行政部门的文件中，已经统一称为心理健康教育，并且把心理健康教育纳入德育中，但在二者之间的关系上，还存在较大的争议。正如有的学者所言，虽然有的文件在德育内容里也列入了心理健康教育内容，如果据此认定德育包括心理健康教育，"就混淆了理论与文件的关系，或者说混淆了学理与工作部署的关系"。第二，即使教育部的《中小学心理健康教育指导纲要》中把这项工作统一规范为心理健康教育，其课程也未必叫作"心理健康教育课"。就如同由教育部制定并经国务院办公厅转发的《中小学公共安全教育指导纲要》，虽然称为公共安全教育，但各地学校在地方课程中开设此课时并没有都叫作"公共安全教育课"。第三，仔细推敲可以发现，心理健康教育含有浓郁的教育意味。但事实上，所有学科都有教育的意味，都是在对学生进行学科知识传授的同时进行教育。从逻辑学的角度来看，课程与教育的关系是属概念与种概念的关系，教育包含课程，而不是课程包含教育。所以语文课没有叫作语文教育，数学课没有叫作数学教育，心理课自然也不宜搞特殊化，非要加上"教育"两字，违反课程与教育的逻辑规则。

总之，无论从哪个方面来讲，中小学心理健康教育的课程宜统一规范为"心理课"。

## 二、心理课程的性质

### 1. 体验性

中小学其他学科多以传授系统的科学知识为主，而心理课则不是解决知的问题，更不是让学生掌握系统的知识。在多数情况下，心理课是以学生为主体、以活动为核心进行教学的，但是它的目的不是活动本身，而是借助活动这一载体来丰富学生的心理体验，让学生在活动中获得体验和感悟，在体验中收获和成长。

**2. 发展性**

其他学科多以固定的知识模块为主，很少有变化和创新，心理课则不同。预防和发展是心理课一贯的理念，它包含的内容有可持续发展的理念、全体发展的理念、全面发展的理念、潜能开发的理念与积极心理品质培养和发展的理念等。

**3. 综合性**

其他学科多是以本学科内容为基础进行的单一的专业教学，而心理课则是综合的。从学科基础看，中小学心理课既属于心理学的范畴，又属于教育学的范畴，是多学科的交集。从实践情况来看，心理课是学校各种教育活动和教育工作的综合，是校内课程与校外课程的有机融合，是教师、学生、教材、环境等多因素的整合。

## 三、心理课程的基本理念

中小学心理课程遵循的基本理念是积极心理学。

积极心理学是20世纪末期由美国前心理学会主席塞利格曼教授倡导创立的。它反对传统心理学消极的心理取向模式，主张研究人类的积极品质。作为一种新兴的思潮，积极心理学已经席卷全球，对心理学的研究领域和发展前景产生了广泛的影响。

积极心理学的研究内容主要集中在三个方面：一是主观层面上的积极体验研究，它主张研究个体对待过去、现在和将来的积极体验。在对待过去方面，主要研究满足、满意等积极体验；在对待当前方面，主要研究幸福、快乐等积极体验；在对待将来方面，主要研究乐观和希望等积极体验。二是个人层面上的积极人格特质研究。积极心理学家认为，积极人格特质主要是通过对个体各种现实能力和潜在能力加以激发和强化，当激发和强化使某种现实能力或潜在能力变成一种习惯性的工作方式时，积极人格特质也就形成了。三是群体层面上的积极社会环境研究。积极心理学在研究视野上摆脱了过分偏重个体层面的缺陷，在关注个体心理研究的同时，强调对群体和社会心理的探讨，认为当个体周围的环境能够给个体提供最优的支持和选择时，个体最有可能健康发展和自我实现。

积极心理学的主要观点包括：一是强调每个人的积极力量，关注对人性优点和价值的研究。积极心理学认为，心理学的研究对象应该是正常的、健康的普通人，而不是少数"有问题的人"。二是对问题的积极解释，以积极的心态对人的许多心理现象（包括人们常说的心理问题）做出新的解读，以此来激发每个人自身所固有的积极品质和力量，并提出积极的预防思想。它认为，人类自身存在着抵御精神疾患的力量，预防的大部分任务将是建造有关人类自身的力量，这门科学的使命是探究如何在个体身上培养出这些品质。三是增加个体幸福感。就如塞利格曼所言："当一个国家或民族被饥饿和战争所困扰的时候，社会科学和心理学的任务主要是抵御和治疗创伤；但在没有社会混乱的和平时期，致力于使人们生活得更美好则成为它们的主要使命"。

《中小学心理健康教育指导纲要（2012年修订）》提出的心理健康教育的总目标和积极心理学的理念是相通的，两者都强调培养学生的积极自我、积极的情绪体验以及积极的人际关系。作为心理健康教育的主阵地，以积极心理学作为理论指导的心理课程可以在教学目标的设定上更聚焦帮助学生提升心理能量，发现自身积极品质，挖掘内在潜能，为学生的成长注入向上的力量；在教学内容上，强调以积极的心理体验为主，以发展为取向，运用积极资源，培养学生积极心理品质，塑造积极人格；在教学实施的过程中，更注重多元、正向反馈，引导学生学会以不同的视角看自己、看他人、看世界，能够在消极中发现积极，能够与自己和谐相处，也能感受到积极的人际关系，学会与他人、与世界和谐相处。

# 第二部分 学科核心素养与设计依据

## 一、学科核心素养

学科核心素养是学科育人价值的集中体现，是学生通过学科学习而逐步形成的正确价值观念、必备品格和关键能力。心理学科核心素养是"积极和谐"的素养，包含"自我和谐"素养、"人际和谐"素养和"生态和谐／社会化"素养，即修己、达人、济天下。

### 1. 修己

自我和谐强调我与自己的关系，是心理和谐的基础。自我和谐意为一个人了解自我、接纳自我、监控自我、调节自我、发展自我、完善自我等过程。其中，自信是自我和谐的首要因素，指相信自己的愿望或预料一定能够实现的心理。同时，自我和谐十分需要情绪调适的能力，即稳定的情绪。对应心理健康教育的八大内容，自我和谐素养是通过自我意识、情绪调适等教育主题，促进学生和谐自我的形成与发展。

## 2. 达人

人际和谐指的是我与他人的关系，包括与同伴、老师、父母等的关系。对于中小学生而言，人际和谐更关注同伴关系。每个人都有归属的需要，而班级群体中，乐群是重要的人际关系方面心理健康的指标，它包括了解与关心他人、真诚赞美和善意批评以及积极沟通等内涵。友善则是众所周知的受人欢迎特质，也是社会主义核心价值观中强调的优秀个人品质，也应纳入核心素养中来。对应心理健康教育的八大内容，人际和谐素养主要通过对人际交往主题的探索，促进学生人际关系的和谐。

## 3. 济天下

生态和谐即社会化，主要指我与社会的关系。社会化是个体在特定的社会文化环境中，学习和掌握知识、技能、语言、规范、价值观等社会行为方式和人格特征，适应社会并积极作用于社会、创造新文化的过程。对个体来说，社会化持续终生，是一个社会适应的过程。对应心理健康教育的八大内容，生态和谐素养主要通过生涯教育、生活与社会适应主题的学习，促进学生社会化的发展（表1）。

表1  中小学心理核心素养结构与元素

| 一级指标 | 二级指标 | 三级指标 |
|---|---|---|
| 积极和谐 | 修己<br>（自我和谐） | 自信<br>乐观 |
| | 达人<br>（人际和谐） | 乐群<br>友善 |
| | 济天下<br>（生态和谐/社会化） | 适应<br>敬业<br>规划 |

## 二、设计依据

**1.《中小学心理健康教育指导纲要（2012年修订）》**

2002年8月5日，教育部颁布了《中小学心理健康教育指导纲要》，使心理健康教育在学校教育中的地位得到正式确认。2012年12月11日，教育部对原有《纲要》进行了修订，印发了《中小学心理健康教育指导纲要（2012年修订）》，成为现阶段中小学心理健康教育工作的行动指南，极大地推动中小学心理健康教育工作的持续、科学、健康发展，开拓了中小学心理健康教育工作的新局面。

**2. 学科核心素养**

核心素养是学生应具备的适应终身发展和社会发展需要的必备品格和关键能力。核心素养的提出，标志着课程改革从对内容的关注转向对学习结果的关注，从对教材、标准的关注转向对为谁培养人、培养什么人、怎样培养人的关注。当前世界各国都把核心素养视为课程设计的 DNA，努力研制基于核心素养的教育或课程标准。从核心素养到课程标准，关键环节就是学科核心素养。学科核心素养是核心素养的基础性作用在学科意义上的呈现，是核心素养的育人功能与学科价值的有机结合，是该学科实现立德树人根本任务的价值所在。

### 3. 心理学科发展的前沿成果

现代课程理论发展表明，课程设计已向学科、学生及社会整合的方向迈进。课程理论学者罗顿（Lawton）认为，从事课程设计时须从三方面考虑：一是知识的本质，二是儿童的本性，三是社会的情境。由此看来，心理课程设计应强调综合取向，既要综合应用心理学科发展的前沿研究成果，同时要兼顾心理学研究中的基础理论，作为心理健康教育课程设计中的理论支点。

### 4. 学生心理发展特征

心理课的架构与设计必须以学生发展为根本，遵循学生身心发展规律，根据学生心理发展各个阶段的特点开展活动。心理课程的设计应将各学段作为一个整体来分析，每个专题在对不同学段学情分析的基础上制定教学通用目标、课程内容和学生发展目标，充分考虑到各学段之间的区别和联系，体现由浅入深、层层递进的衔接，从各个学段学生的心理年龄特点出发，提出不同的目标内容与合适的活动形式。

## 第三部分　课程目标

课程目标是指课程本身要实现的具体目标和意图。它规定了某一教育阶段的学生通过课程学习以后，在发展品德、智力、体质等方面期望实现的程度，它是确定课程内容、教学目标和教学方法的基础。

我们把心理学科的目标分为两种，一是各学段通用的通用目标，即每个学习领域要达成的总体目标，二是根据不同学段设置的学段目标，既每个学段要达成的具体目标。

### 学习领域一　自我意识

| 通用目标 | 学段目标 ||
|---|---|---|
| 1.认识自我<br>能够从生理、心理、社会等多个层面，对自己有一个客观、全面的了解 | 水平一<br>（小学低年级） | 认识自己的外在特征，初步了解自我 |
| | 水平二<br>（小学中年级） | 了解自我，认识自我 |
| | 水平三<br>（小学高年级） | 正确认识自己的优缺点和兴趣爱好，认识自己的内在品质，进一步认识自己 |

（续表）

| 通用目标 | 学段目标 | |
|---|---|---|
| 与认识，形成积极的自我概念 | 水平四（初中年级） | 积极探索自我，客观认识自我 |
| | 水平五（高中年级） | 确立正确的自我意识，形成积极的自我概念 |
| 2. 悦纳自我<br>能够做到自我接纳，提升自尊，增强自信，建立积极的自我信念 | 水平三（小学高年级） | 正确面对自己，接纳自己全部的特点，能在各种活动中初步悦纳自我 |
| | 水平四（初中年级） | 悦纳自己的发展变化，提升自尊，增强自信 |
| | 水平五（高中年级） | 悦纳生理自我、心理自我、社会自我，建立积极的自我信念 |
| 3. 完善自我<br>能够自觉地、主动地做出选择、改变和努力，树立人生理想和信念，建立积极的世界观、人生观、价值观 | 水平三（小学高年级） | 从"我"与他人、"我"与事、"我"与己的关系中，反思和调整自己 |
| | 水平四（初中年级） | 培养积极的人生态度，初步树立远大的人生理想和信念 |
| | 水平五（高中年级） | 澄清自己的价值取向，建立积极的世界观、人生观、价值观 |

## 学习领域二　学习心理

| 通用目标 | 学段目标 | |
|---|---|---|
| 1.激发学习动机<br>能感受学习知识的乐趣，端正学习动机，调整学习心态，积极主动的学习 | 水平一<br>（小学低年级） | 对学习有新鲜感，抱有浓厚的学习兴趣 |
| | 水平二<br>（小学中年级） | 激发学习兴趣和探究精神，树立学习信心，乐于学习 |
| | 水平三<br>（小学高年级） | 关心学习结果，正确对待成绩，有较强的学习欲望，体验学习成功的乐趣 |
| | 水平四<br>（初中年级） | 培养正确的学习观念 |
| | 水平五<br>（高中年级） | 找到自身优势、确立适当的学习目标，能积极主动的学习 |
| 2.培养学习习惯和能力<br>能形成良好的学习习惯，具备自主学习能力，积极应对考试压力 | 水平一<br>（小学低年级） | 养成良好的学习习惯，初步具有一定的学习能力 |
| | 水平二<br>（小学中年级） | |
| | 水平三<br>（小学高年级） | 基本掌握读写算等学习技能，会预习、听课、写作业、复习 |
| | 水平四<br>（初中年级） | 初步形成自己的学科思维习惯，初步具有个性化的学习能力 |
| | 水平五<br>（高中年级） | 培养创新精神和创新能力，开发学习潜能，具备良好的学习品质，拥有自主学习能力，能够积极应对考试 |

（续表）

| 通用目标 | 学段目标 | |
|---|---|---|
| 3.掌握学习策略和方法 能了解与评估自己的学习策略，选择正确的适合自己的学习方法 | 水平二（小学中年级） | 了解并会运用一些基本的学习方法 |
| | 水平三（小学高年级） | 知道并学习使用一些基本的学习策略 |
| | 水平四（初中年级） | 初步形成自己的学科思维，学会并使用常见的学习方法 |
| | 水平五（高中年级） | 掌握有效的学习策略，能合理利用自己的学习资源，掌握并形成积极高效的个性化学习方法 |

## 学习领域三 人际交往

| 通用目标 | 学段目标 | |
|---|---|---|
| 1.了解人际关系现状 觉察自己与他人、团体的关系，正确认识自己的人际关系状况 | 水平一（小学低年级） | 认识人际交往的重要性，树立主动与他人交往的意识 |
| | 水平二（小学中年级） | |
| | 水平三（小学高年级） | 初步认识自己人际交往状况 |
| | 水平四（初中年级） | 了解自己人际交往的特点，认识自己人际交往状况 |
| | 水平五（高中年级） | 觉察自己与他人、团体的关系，客观、全面认识自己的人际关系状况 |

（续表）

| 通用目标 | 学段目标 | |
|---|---|---|
| **2. 丰富人际情感体验**<br>感受人际交往中的积极情感反应，体验愉快、广泛和深刻的人际交往，扩大人际交往范围 | 水平一<br>（小学低年级） | 愿意与老师、同学交往，感受友情的美好 |
| | 水平二<br>（小学中年级） | 树立集体意识，体验积极交往的乐趣 |
| | 水平三<br>（小学高年级） | 积极参加集体活动，学会团队合作 |
| | 水平四<br>（初中年级） | 积极与他人交往，体验人际交往中的积极情感 |
| | 水平五<br>（高中年级） | 促进人际间的积极情感体验 |
| **3. 学习人际交往技能**<br>学习掌握并灵活运用人际交往的方法，提高人际沟通技能，形成积极交往品质，主动构建和谐的人际关系 | 水平一<br>（小学低年级） | 形成礼貌友好的交往品质 |
| | 水平二<br>（小学中年级） | 培养开朗、合群、自立的健康人格，初步学会基本的交往技能与方法 |
| | 水平三<br>（小学高年级） | 主动协调与他人关系，扩大交友范围 |
| | 水平四<br>（初中年级） | 积极与老师及父母进行沟通，掌握人际交往相关技能，养成积极交往的心理品质 |
| | 水平五<br>（高中年级） | 提高人际交往能力，塑造良好的人际交往行为 |

## 学习领域四　情绪调适

| 通用目标 | 学段目标 | |
|---|---|---|
| 1. 认识情绪<br>了解情绪的种类、产生、功能与价值 | 水平一<br>（小学低年级） | 认识和感受基本情绪，能够区分自己的情绪 |
| | 水平二<br>（小学中年级） | 感受解决学习困难的快乐，学会体验情绪 |
| | 水平三<br>（小学高年级） | 能够识别厌学等负面情绪，能够觉察他人情绪 |
| | 水平四<br>（初中年级）、<br>水平五<br>（高中年级） | 了解情绪的种类，情绪的产生、功能与价值。认识到负面情绪的正面意义。进行积极的情绪体验 |
| 2. 表达情绪<br>掌握情绪表达的原则，能够积极合理、富有策略地表达自己的情绪 | 水平一<br>（小学低年级） | 敢于表达自己的情绪 |
| | 水平二<br>（小学中年级） | 初步做到恰当、正确地表达情绪 |
| | 水平三<br>（小学高年级） | 学习情绪表达的方法，学会恰当地、正确地表达情绪 |
| | 水平四<br>（初中年级） | 了解情绪表达的原则，进行积极的情绪表达 |
| | 水平五<br>（高中年级） | 掌握情绪表达的原则，能够策略地表达情绪 |
| 3. 调节情绪 | 水平一<br>（小学中年级） | 有安全感和归属感，初步学会自我控制 |
| | 水平二<br>（小学中年级） | 初步学习调节情绪的方法 |

（续表）

| 通用目标 | 学段目标 | |
|---|---|---|
| 有效管理消极情绪，合理应对压力；促进积极情绪的反应和体验，有意识培养积极情感 | 水平三（小学高年级） | 初步调整复杂情绪，学习应对消极情绪 |
| | 水平四（初中年级） | 对自己的情绪进行有效管理，促进积极情绪体验，培养积极情感 |
| | 水平五（高中年级） | 能有效管理情绪，正确应对压力 |

### 学习领域五　性教育

| 通用目标 | 学段目标 | |
|---|---|---|
| 1. 了解生长发育，学会自我保护<br>科学认识自己的身体，了解生长发育，正确认识和应对青春期的心理变化，形成明确的自我保护意识，学会用恰当的方法保护自己 | 水平一（小学低年级） | 了解生命的起源，了解自己的身体，树立隐私意识和防范性侵害的意识 |
| | 水平二（小学中年级） | |
| | 水平三（小学高年级） | 了解青春期生理和心理的发展变化 |
| | 水平四（初中年级） | 积极应对青春期变化，学会自我保护 |
| | 水平五（高中年级） | 注重青春期生理与心理的自我保健，掌握应对性骚扰和性侵害的方法 |
| 2. 建立正确的性别观念 | 水平二（小学中年级） | 了解性别差异 |
| | 水平三（小学高年级） | 初步树立社会性别平等意识 |

（续表）

| 通用目标 | 学段目标 | |
|---|---|---|
| 了解性别的相关概念及差异，树立性别平等意识 | 水平四（初中年级） | 尊重性别差异，接纳自己的性别气质 |
| | 水平五（高中年级） | 破除性别气质的刻板化，促进性别平等 |
| 3.学会恰当的异性交往方式<br>学会正确对待对异性产生的好奇、好感等心理，学会恰当的异性交往方式，建立和维持良好的异性同伴关系 | 水平三（小学高年级） | 学习异性交往的原则、方法与礼仪，建立和维持良好的异性同伴关系 |
| | 水平四（初中年级） | 学习对异性情感的表达与把握，正确把握与异性交往的尺度 |
| | 水平五（高中年级） | 知道友谊和爱情的界限，学会处理学习和恋爱间的关系 |

## 学习领域六　生命教育

| 通用目标 | 学段目标 | |
|---|---|---|
| 1.认知与感受生命<br>能够认识生命的来源，感受生命的丰富多样，树立科学的生命观 | 水平一（小学低年级） | 初步认识自然界的生命现象，了解自己的身体及发育情况，了解生命的基本特征 |
| | 水平二（小学中年级） | |
| | 水平三（小学高年级） | 了解生命诞生的过程，理解生命成长的不易性 |
| | 水平四（初中年级） | 理解生命的唯一性和不可逆性，感受生命的丰富多样，唤醒生命意识 |
| | 水平五（高中年级） | 探索生命的本质，感悟生命的价值，树立科学的生命观 |

（续表）

| 通用目标 | 学段目标 | |
|---|---|---|
| 2. 敬畏与珍爱生命<br>能够尊重自己与他人的生命，掌握生活技能，学会应变与生存，树立科学的生存观 | 水平二<br>（小学中年级） | 树立生命可贵的意识，懂得珍爱生命、珍惜时光的道理 |
| | 水平三<br>（小学高年级） | 学习保护生命的知识和技能，知道生命是独一无二的 |
| | 水平四<br>（初中年级） | 珍惜、尊重自己与他人的生命，体验生命的韧性与美好 |
| | 水平五<br>（高中年级） | 学会珍惜生命和尊重生命，学会面对生命的无常 |
| 3. 扩展与升华生命<br>能够探寻人生的价值，形成正确的人生观，培养生活智慧，开发生命潜能，活出有价值的生命 | 水平二<br>（小学中年级） | 培养兴趣爱好，感受生命的可爱，主动成长，感受助人为乐的幸福感、价值感 |
| | 水平三<br>（小学高年级） | 形成积极乐观的人生态度，学会关爱自己，自立自强，初步感受人与自然和谐相处的重要性 |
| | 水平四<br>（初中年级） | 开发生命潜能，提升生命质量，成为充满生命活力、具有健全人格、掌握创造智慧的人 |
| | 水平五<br>（高中年级） | 树立正确的人生观，活出有价值的生命 |

## 学习领域七　生涯教育

| 通用目标 | 学段目标 | |
|---|---|---|
| 1. 唤醒生涯意识<br>了解生涯发展的基本概念和基本常识，认识生涯规划的重要性 | 水平三<br>（小学高年级） | 初步培养生涯规划意识 |
| | 水平四<br>（初中年级） | 培养生涯规划意识，积极了解生涯发展观念，了解生涯规划的重要性 |
| | 水平五<br>（高中年级） | 培养职业道德意识，具备生涯发展观念，认识生涯规划在高中阶段的意义 |
| 2. 探索生涯规划<br>认识自我与外界，探索个人不同阶段的发展变化，逐步了解影响未来发展的各种因素，做好生涯抉择的准备 | 水平三<br>（小学高年级） | 初步探索工作世界，了解职业的意义及各种职业所需之能力 |
| | 水平四<br>（初中年级） | 探索个人历经不同时期的内外变化，树立早期职业发展目标 |
| | 水平五<br>（高中年级） | 全面多角度探索职业领域，并探索与自己匹配的职业，在探索中发现自己的独特性与获得成就感 |
| 3. 实践生涯规划<br>提升生涯规划能力及相关技能，初步确定自己的生涯规划 | 水平三<br>（小学高年级） | 具备初步的时间管理意识，了解职业对个人的能力的相关要求，为将来的职业生涯规划做准备 |
| | 水平四<br>（初中年级） | 在自我认识的基础上，制定恰当的学业规划或职业规划 |
| | 水平五<br>（高中年级） | 提升生涯规划能力，初步确定自己的生涯规划 |

## 学习领域八　生活与社会适应

| 通用目标 | 学段目标 | |
|---|---|---|
| 1.正确认识社会适应<br>了解积极适应的相关常识，认识社会适应的重要意义 | 水平一<br>（小学低年级） | 适应新环境、新集体和新的学习生活 |
| | 水平二<br>（小学中年级） | 认识不同的社会角色，清楚自己的社会角色 |
| | 水平三<br>（小学高年级） | 了解在家庭与学校里经历的挫折情境 |
| | 水平四<br>（初中年级） | 了解在家庭与学校里经历的挫折情境，了解适应的常识 |
| | 水平五<br>（高中年级） | 完成角色转换，增强社会责任感 |
| 2.培养积极适应的态度<br>树立积极适应的意识，主动适应新环境，勇于面对挫折情境 | 水平三<br>（小学高年级） | 自觉养成亲社会行为，逐步认识自己与社会、国家和世界的关系 |
| | 水平四<br>（初中年级） | 认识积极情绪的力量，形成乐观的性格，并以积极的态度适应环境 |
| | 水平五<br>（高中年级） | 以积极的态度面对生活和学习中的正面与负面事件 |
| 3.提高社会适应能力 | 水平一<br>（小学低年级） | 积极、主动适应新环境，树立纪律意识、时间意识和规则意识 |
| | 水平二<br>（小学中年级） | 建立正确的角色意识，培养对不同角色的适应 |

（续表）

| 通用目标 | 学段目标 ||
|---|---|---|
| 增强心理弹性，逐步适应生活和社会的各种变化，能够应对生活学习中的挫折情境，形成坚韧的意志品质 | 水平三（小学高年级） | 初步建立承受和应对挫折的积极方式，培养分析问题和解决问题的能力 |
| | 水平四（初中年级） | 逐步适应生活和社会的各种变化，提高应对失败和挫折的能力 |
| | 水平五（高中年级） | 建立心理社会支持系统，自主自律地行动，积极应对新的挑战 |

# 第四部分　课程内容

## 学习领域一　自我意识

### 1. 认识自我

| 水平层级 | 内容标准 | 活动举例 |
| --- | --- | --- |
| 水平一（小学低年级） | 从姓名、年龄、性别等方面认识自己的外在特征 | 活动名称：看，这就是我<br>1. 画出我的样子：准备自己近期的照片，带小镜子观察自己最生动有趣的表情，画出自画像并解读一下<br>2. 说说我的名字：提前了解自己名字的由来和寓意，体会其中蕴含的长辈的美好祝愿，讲给同学听<br>3. 介绍我的爱好：与同学分享交流自己喜欢的食物、运动、爱做的事情等 |
| 水平二（小学中年级） | 1. 了解自己身体的生长情况，进一步理解性别认同 | 活动名称：男生女生不相同<br>1. 我选我喜欢：教师展示物品名称，请学生选择哪些是男生的物品，哪些是女生的物品<br>2. 我说我不同：男生：我认为我与女生相比，有哪些不同。女生：我认为我与男生相比，有哪些不同<br>3. 男女不相同：师生总结男生和女生各自的外貌特点、性格、喜好 |

（续表）

| 水平层级 | 内容标准 | 活动举例 |
|---|---|---|
|  | 2.觉察父母、老师和同伴对自己的态度、情感反应，丰富对自己的认知 | 活动名称：多姿多彩的我<br>1.我的优点卡：制作自己的优点卡，请同学在符合的描述后面画笑脸<br>2.请为我点赞：<br>同学点赞——以小组为单位，轮流赞美组内所有成员<br>教师点赞——走近老师，请老师对自己的优点点赞<br>家人点赞——认真向家人陈述活动要求，请家人给予鼓励和肯定<br>3.优点闪闪亮：再次制作自己的优点卡，在小组内和班级中与大家分享，并说说自己的感受 |
| 水平三（小学高年级） | 正确认识自己的优缺点和兴趣爱好，认识到自己是独一无二的 | 活动名称：涂涂我的"轮图"<br>1.初步识轮图：轮图上出示描述性词语，师生总结"认识自我"可以从外貌特征、性格特征、能力品质、兴趣爱好等方面进行<br><br>（轮图：擅长绘画、擅长乐器、擅长运动、人缘好、有管理能力、乐于助人、不善言辞、活泼开朗；长得高、长得矮、长头发、短头发、皮肤白、皮肤黑、大眼睛、小眼睛） |

（续表）

| 水平层级 | 内容标准 | 活动举例 |
|---|---|---|
|  |  | 2. 我来涂轮图：根据自己的实际情况，对各部分进行涂色（完全符合涂红色；基本符合涂蓝色；不符合不涂色）<br>3. 轮图我补充：在轮图内空白区域填涂自己的其他特点（如果轮图内区域不够，可以在轮图外围补画区域并填涂）<br>4. 秀出我轮图：小组内介绍自己的轮图，分享感受、表达欣赏与鼓励，全班交流，分享感受与收获 |
| 水平四（初中年级） | 1. 建立积极的自我信念，培养自我认同感 | 活动名称：自我成长新发现<br>1. 照片晒晒看：请每位同学准备两张照片，三年前的照片和现在的照片。在小组中分享<br>2. 今天我不同：从身体和心理两方面，观察并寻找自己的成长与变化<br>3. 我有我认识：学生完成围绕身体外貌、学业、人际、情绪、对自我目前的满意度、对未来的展望等方面设计的调查问卷，明晰并加深对自己的认识<br>4. 寻找我价值：学生完成句式练习：<br>"我6岁时，我认为自己在_____方面特别棒！我9岁时，我认为自己在_____方面特别棒！现在，我认为自己在_____方面特别棒！" |

(续表)

| 水平层级 | 内容标准 | 活动举例 |
| --- | --- | --- |
|  | 2.客观地评价自我，克服以自我为中心的倾向 | 活动名称：我有我风采<br>1.分组，在"我眼中的小组成员"和"小组成员眼中的我"中填写姓名<br>2.每人分别找一种生物来形容本组成员，写明比喻理由和相似点，完成"我眼中的小组成员"<br>3.分享：大家分别介绍寻找了哪种生物形容其他同学，说明理由和相似点。被形容的同学记录大家的评价，完成"小组成员眼中的我"<br>4.根据同学们作的评价，个人完成《自我评价表》。组内分享：自己有哪些惊喜发现及理由；认可与不认可的评价分别有哪些及理由；希望与谁交流评价等 |
| 水平五（高中年级） | 1.结合自我观察与反省、他人评价，全面客观地认识与评价自我，形成客观、完整、积极的自我概念 | 活动名称：我的九宫格<br>1.请分别从外貌特点、性格特征、兴趣爱好、行为特征、社会关系、学业成绩、道德品质、精神追求、理想信念九个方面描述自己，绘制自己的九宫格<br>2.请同学、老师、父母为你的九宫格添加他们的认识与评价<br>3.运用乔哈里窗分析自己的九宫格<br>4.综合自我观察与分析及他人评价，写出对自己的总体认识 |

（续表）

| 水平层级 | 内容标准 | 活动举例 |
|---|---|---|
|  | 2.合理选择认知角度，感受积极的自我，确立正确的自我意识 | 活动名称：换个思维看自我<br>1.我说我是谁：十句话描述"我"是谁。组内分享对自己的认识。小组一起记录同学描述中的积极评价与消极评价<br>2.思维对对碰：介绍"成长型思维"与"固定型思维"<br>3.思维变一变：对同学中持有的消极的自我评价，以小组为单位，相互合作将自己和小组成员的固定性思维转换为成长型思维；持有的理念是"自我是在不断地变化的，无论是生理上还是心理上的我，都可以通过努力而实现变化与发展的。每个人都可以是闪闪发光的宝石"<br>4.成长激励卡：制作"成长型思维看自我"卡片激励自己 |

## 2. 悦纳自我

| 水平层级 | 内容标准 | 活动举例 |
|---|---|---|
| 水平三（小学高年级） | 1.正确面对自己，接纳自己的全部的特点 | 活动名称：超级比长短<br>1.我来观察：请每位同学伸出右手，观察自己的五个手指头<br>2.我来找不同：观察后想一想手指长短、每根手指的关节数及在生活和学习中手指各自的分工有何不同。对比完之后，学生分享感受 |

（续表）

| 水平层级 | 内容标准 | 活动举例 |
|---|---|---|
| | | 3. 画出我特点：在纸上画出自己的双手手掌造型，将自己的优势与不足、兴趣与爱好等，按照自己的理解与判断写到相应的手指部位。与组内同学分享交流 |
| | 2. 做一个爱自己、悦纳自己的人，在各种活动中初步悦纳自我 | 活动名称：猜猜我是谁<br>1. 我为我代言：每个人根据自己的外貌、性格、爱好、特长等，写出一则别具特色的自我介绍，为自己代言，但不出现名字，然后放到信箱打乱<br>2. 猜猜我是谁：老师随机抽取学生写的个人名片，让大家来猜他/她是谁，并说明判断理由<br>3. 分享感悟：<br>（1）当大家猜中时，请被猜中的同学谈自己的感受<br>（2）分享以往生活中自己是如何看待自己的<br>（3）活动后，自己对自己又有了怎样的新认识 |

（续表）

| 水平层级 | 内容标准 | 活动举例 |
|---|---|---|
| 水平四（初中年级） | 1.悦纳自己的生理、心理变化 | 活动名称：我喜欢我的"young"<br>1.寻找我的青春"young"：从生理、心理变化等方面找到自己成长的青春讯息<br>2.感谢我的青春"young"：想一想自己在青春期的这些变化带给自己哪些收获，对自己的人生有何意义<br>3.我喜欢我的"young"：大声喊出"我就是我，我有我的young，我喜欢我的young" |
| | 2.在学业、人际交往和生活实践中体验自我价值，建立适度的自尊心和充分的自信心 | 活动名称：我的成就故事<br>1.想一想：成长过程中，自己做过的感觉很有成就感的事情（可从人际交往、学习生活、社会实践等领域展开）<br>2.写一写：写下自己的成就故事<br>当时想达到的目标：<br>面临的困难、限制或障碍：<br>过程中的具体努力行动：<br>取得了怎样的效果或成就：<br>用自己的方法给这一结果的满意度进行量化：<br>3.说一说：与同伴分享自己的成就故事，体验自我成就感 |

(续表)

| 水平层级 | 内容标准 | 活动举例 |
|---|---|---|
| 水平五（高中年级） | 1.悦纳生理自我、心理自我、社会自我 | 活动名称：找寻不完美中的美<br>1.绘本赏析：〔美〕谢尔·希尔弗斯坦《失落的一角》<br>2.小组分享：成长的过程中，自己是否有因为不完美而感到遗憾。如果有，具体描述。思考，这些不完美究竟给自己带来了什么<br>3.师生总结：每个人都是缺了一角的圆，有时我们会为自己的不完美而苦恼。其实，有时缺憾本身也是一种美，因为有缺憾，我们才有追求。从另一面看，缺憾可能也是优点和机会，很多时候恰是这缺失的一角，却能帮助我们成就独一无二的自己 |
|  | 2.感受在各种活动中的成功体验，增强自信，建立积极的自我信念 | 活动名称：自信走红毯<br>1.自信状态评分：学生在6~8人小组中调整走红毯前的状态；每个人为自己目前的自信状态量化赋分<br>2.自信走红毯：每个人以自己认为最好的、最自信的姿势从红毯上走过，周围同学鼓掌鼓励，烘托气氛（注意不是起哄）<br>3.分享走红毯感受：活动结束后小组内分享走红毯的感受，以及对自己产生的影响，评估活动后自己自信状态，对比活动前自信程度的变化 |

### 3. 完善自我

| 水平层级 | 内容标准 | 活动举例 |
| --- | --- | --- |
| 水平三（小学高年级） | 1. 在与他人交往和做事的经验中，反思和调整自己 | 活动：我要受欢迎<br>1. 谁最受欢迎：全班交流学生受欢迎的典型品质。学生分组，每组选出一位受欢迎之星<br>2. 我也受欢迎：小组内选择一位落选的同学，其他小组成员轮流说出他/她的三个优点，一个缺点。优点在前，缺点在后<br>3. 我要受欢迎：小组成员集体讨论，每位成员反思和调整自己的行为 |
| | 2. 结合自我反思及对自我的期许，不断调整自己的行为 | 活动：我的成长树<br>1. 选择我的树：根据示例，选择自己最喜欢的树的轮廓<br>2. 画画我的树：根据自己的特点，画出自己的成长树。例如：成长过程重要事件用树干和树枝表示；优点用果子表示；缺点用不同颜色的虫子表示。回忆自己的成长事件，可图文并茂，画出独一无二的成长树<br>3. 修饰我的树：在树的缺点之处再创作，用啄木鸟捉虫的方式进行修饰，列出改变计划 |

（续表）

| 水平层级 | 内容标准 | 活动举例 |
|---|---|---|
| 水平四（初中年级） | 1. 创设良好的环境，感受安全感、归属感和胜任感，培养积极的人生态度 | 活动名称：班级吉尼斯<br>1. 氛围营造：通过暖身活动，创设班级良好的、安全的分享氛围<br>2. 规则说明：说明"班级吉尼斯"活动规则：每位同学找到自己最独特的优势，（大声喊出"我是班里_____最_____的！"）其余同学用掌声为其喝彩<br>3. 制作名片：每位同学用自己喜欢的方式，制作自己的"吉尼斯名片"，在班级里进行分享与展示 |
| | 2. 在学业、人际交往和生活实践中获得意义感，树立远大的人生理想 | 活动名称：成就精彩的我<br>1. 现场调查：评估对自己在学业、人际交往和生活实践中的满意度（从 0~10 分，0 分代表完全不满意，10 分代表非常满意）<br>2. 交流分享：分享自己的评分和原因，找到意义感<br>3. 打造自我：以评分为目前自我成长的原点，列出自己现有的优势与劣势。思考如何发挥这些优势去做更有意义的事情<br>4. 意义自我：如果按照"打造自我"的分析去努力，自我满意度会有怎样的变化，为未来的自我满意度打分<br>5. 师生小结：每个人都有自己的优势与劣势，充分发挥自己的优势去做有意义的事情；对于自己的劣势，调试心态，接纳的同时努力去改善，成就更精彩的自己 |

(续表)

| 水平层级 | 内容标准 | 活动举例 |
|---|---|---|
| 水平五（高中年级） | 1. 思考生命的意义、人生的价值，澄清自己的价值取向 | 活动名称：漫画欣赏——朱德庸《跳》<br>1. 展示漫画：通过大屏幕向学生展示朱德庸的漫画《跳》<br>2. 分享感受：看完漫画后，教师提问学生：坠到一楼时，女孩终于明白了……你觉得她明白了什么？小组讨论，师生交流<br>3. 教师总结，生命的意义与价值需要我们自己"看到"，珍惜当下，珍惜拥有，敬畏生命，活出生命的精彩 |
| | 2. 审视、修正自己的世界观、人生观、价值观，达到完善自我、幸福自我 | 活动名称：价值拍卖会<br>1. 解读竞拍程序：每人有5000元的代币，相当于一生的时间、精力和金钱。任意"商品"底价都为500元。对自己选中的任意"商品"进行投标<br>2. 宣布竞价规则：出价重复三次无人再加后一锤定音，出价最高的人为该项目得主。若所拍卖"商品"开价三次后无人竞拍，则开始下一个"商品"<br>3. 宣布竞拍标的：优异的成绩、宝贵的友谊、快乐的心情等<br>4. 进行拍卖活动，分享竞拍感受同时思考：是否拍到了想买的东西；最想买的东西是什么，隐藏着怎样的价值观；有没有比这些更值得追寻的东西，该如何面对选择 |

## 学习领域二  学会学习

### 1. 激发学习动机

| 水平层级 | 内容标准 | 活动举例 |
| --- | --- | --- |
| 水平一（小学低年级） | 1.知道学习在生活中的重要性 | 活动名称：我爱学习<br>1.寻找生活中的学习。找一找校园内、生活中的学习活动<br>2.生活中的学习真有趣。如何分辨生鸡蛋和熟鸡蛋呢<br>3.尝试就是一种学习。在第一次尝试过程中遇到过什么困难，怎么解决的 |
| | 2.爱观察，好发问，喜欢探究未知事物，喜欢读书 | 活动名称：我敢提问题<br>1.说一说，学习中遇到不懂的问题你敢提问吗<br>2.议一议，你觉得敢提问题有什么好处<br>3.帮一帮。下课了，小明有几个地方没听明白，他怕同学和老师笑话，没敢举手问老师，可是作业又不会做，他该怎么办呢<br>4.总结：发现问题是学习的基础，大胆提出问题，交流问题，收获会更大 |
| | 3.希望取得好成绩，上课积极发言，主动回答问题 | 活动名称：先举手再发言<br>1.通过"口算抢答"的游戏，练习先举手再报答案，不打断别人发言的好习惯<br>2.奖励机制加入举手抢答，大胆参与不怕错加分。笑话答错同学的人扣分<br>3.说一说，上课举手发言的好处 |

（续表）

| 水平层级 | 内容标准 | 活动举例 |
|---|---|---|
| 水平二（小学中年级） | 1. 有好奇心、求知欲、兴趣和爱好，能积极主动的学习 | 活动名称：兴趣是我的好老师<br>1. 听故事《爱迪生孵鸡蛋》<br>2. 找出自己的兴趣爱好<br>3. 晒晒我的兴趣爱好，说说我的兴趣是怎么培养的<br>4. 交流兴趣爱好给我的生活带来了哪些影响 |
| | 2. 能体验学习的过程中的快乐 | 活动名称：给自己点赞<br>1. 说一说：学习中自己做得很棒的地方<br>2. 找一找：语文数学等学科学习中做的棒的地方<br>3. 总结自己做的棒的诀窍 |
| 水平三（小学高年级） | 1. 正确对待成绩，调整学习心态 | 活动名称：积极解释五格画<br>五格画由三部分组成。左侧是图画的形式呈现的学习情境。右侧又分为两部分，中间为未调整的学习情绪状态，也是图画的形式，图中呈现不良心情的表情。学生在表情旁边用泡泡语添加此时的想法。最右侧为调整后的区域，用泡泡语填写"积极的想法"，然后将右侧人物调整的表情填画上去 |
| | 2. 认可自己的兴趣，为自己这方面的兴趣感到自豪 | 活动名称：我的兴趣展览<br>1. 兴趣讨论会：你认为哪些兴趣是积极健康的，哪些是消极不健康的<br>2. 兴趣展览：画手掌图，体会此时的心情<br>3. 说一说：小组间进行交流，怎样培养健康的兴趣爱好 |

（续表）

| 水平层级 | 内容标准 | 活动举例 |
| --- | --- | --- |
| | 3.体验到成功的快乐 | 活动名称：我的甜美蛋糕<br>在美味的蛋糕图画上，可以做任意切割，记录一个学习成就，画一条切割线在描述自己的学习成就时，尽量细致。越细致，学生越能了解自己学习能力的提升，越能强化学习成就感。用此活动建立"学习成就——甜美记忆"的情绪链接，获得更大的效能感 |
| 水平四（初中年级） | 1.正确认识并接纳初中学习的新变化 | 活动名称：初中学习，我来了<br>1.心语屋：说说初中学习的变化<br>2.脑风暴：发现总结这些变化<br>3.智慧窗：讨论心理调整、学习方法、习惯养成等方面应如何适应<br>4.体验吧：针对学习适应为自己设计桌贴<br>5.成长坊：总结感悟和收获 |
| | 2.养成积极的学习态度，树立正确的学习观念 | 活动名称：我的学习我做主<br>1.心语屋：不熟悉的路自己来一次能更好地记住，说说类似经历<br>2.脑风暴：发现原因<br>3.知识链接：主动学习与被动学习<br>4.智慧窗：总结主动学习的"宝典"。妙招集锦<br>5.成长坊：制作"我的学习我做主"行动策划书 |

（续表）

| 水平层级 | 内容标准 | 活动举例 |
|---|---|---|
| 水平五（高中年级） | 1. 发现自身优势和潜能 | 活动名称：幸运明信片——开启优势宝库<br>活动过程：<br>1. 为每位同学准备一个《幸运明信片》（每张明信片上都写有一个优势词汇：智慧类、勇气类、仁爱类、正义类、节制类、卓越类）<br>2. 分组讨论：你怎么理解这些优势<br>3. 优势理论：24个积极心理学品质<br>4. 思考：你都拥有哪些优势品质？具体支撑这个优势的事例是什么 |
| | 2. 能够制定出符合自己特点的发展目标 | 活动名称："好"目标探索<br>1. 分组讨论：制定目标需要注意哪些问题<br>2. 总结讲解：什么样的目标是"好"目标（目标SMART原则）<br>3. 在每个人设置自己的目标之前，首先要了解自己的现状（自我探索卡）<br>4. 引导学生制定自己的目标 |
| | 3. 掌握并熟练运用归因理论 | 活动名称：辩论活动<br>1. 学生3分钟讨论：辩论主题——对于成功来说，命运与奋斗哪个更重要<br>2. 按照每个人所持观点分坐教室两侧提出辩论要求<br>3. 进行辩论，教师对学生的发言给予鼓励<br>4. 总结发言 |

## 2. 培养学习习惯和能力

| 水平层级 | 内容标准 | 活动举例 |
|---|---|---|
| 水平一（小学低年级）、水平二（小学中年级） | 1. 遵守学校作息时间和课堂纪律要求，爱护学习用品 | 活动名称：珍惜课间十分钟<br>1. 放课间铃声录音<br>2. 学生根据自己的想法选择相应的写有"上厕所""喝水""做游戏""先拿下节课的书"等内容的卡片<br>3. 小小讨论会：为什么在课间先做这些事？这样做有什么好处呢 |
| | 2. 在家里自觉学习，按时完成作业 | 活动名称：我做时间小主人<br>1. 猜一猜并做一做：一分钟拍球能拍多少个？一分钟能画几个苹果？一分钟能做多少道口算题<br>2. 评一评：《小明背古诗》故事大意：今天老师布置背《山行》这首古诗，小明放学回家把这项作业忘了，他一会儿画画，一会儿看电视。到了该睡觉的时间，妈妈要检查背诵时，小明才想起来。如果是你，会怎么安排时间呢<br>3. 总结：只要合理安排时间，就能学习、玩耍两不误 |
| | 3. 准确描述问题进行提问，抓住重点，清楚表达自己的观点 | 活动名称：清楚表达我自己<br>1. 课堂上，怎么清楚地表达才能让别人听懂呢<br>2. 尝试跟同桌说清楚自己是怎么计算数学题目的<br>3. 尝试看图说话，尽量清楚表达观点 |

（续表）

| 水平层级 | 内容标准 | 活动举例 |
| --- | --- | --- |
| 水平三（小学高年级） | 1. 掌握读写算的基本技能 | 活动名称：速读增记忆<br>1. 游戏：过目不忘有点难。出示各种物品图片，1分钟后在空白纸上粘贴<br>2. 讨论：现实中有没有过目不忘的人呢<br>3. 揭秘：过目不忘靠训练。1分钟速读训练。出示一段文字，进行眼脑直映训练：阅读前，闭上眼睛什么都不想，集中注意力；阅读时可以动嘴但不出声，用眼睛浏览，用大脑搜索<br>4. 讨论快速阅读的方法 |
| | 2. 会课前预习，掌握上课认真听讲的方法 | 活动名称：专心有窍门<br>1. 专心小测验，从数字表中找出相邻的两个数相加为10的数字<br>2. 说一说提高注意力的小窍门<br>3. 分享居里夫人的故事。故事大意：居里夫人小时候，有一次看书时，她的姐姐和同学想试探她，在她身后搭起几张凳子，只要她一动，凳子就会倒下来，但直到她读完一整本书，凳子仍然竖在那儿<br>4. 总结专心的重要性 |
| | 3. 能做到课后先复习，再写作业，掌握复习和写作业的方法 | 活动名称：复习讲策略<br>1. 了解复习的基本步骤<br>2. 初步掌握"四轮复习法"：第一步系统复习，第二步抓好重点，第三步解题训练，第四步反复背诵<br>3. 试做复习计划：讨论如何复习更合理<br>4. 学会复习时劳逸结合 |

（续表）

| 水平层级 | 内容标准 | 活动举例 |
|---|---|---|
| 水平四（初中年级） | 1.培养发散思维，初步形成自己的学科思维习惯 | 活动名称：我的学科思维导图<br>1.心语屋：我们的大脑<br>2.智慧窗：学画思维导图<br>3.知识链接：思维导图——天才的思维方式<br>4.他山之石：学科思维导图<br>5.体验吧：选择你擅长的学科，画出一章的思维导图 |
| | 2.了解自己的学习风格，初步具有个性化学习能力 | 活动名称：我有一个小窍门<br>1.心语屋：《读书郎》——把对学习的感受唱出来<br>2.直播间：学习风格自测<br>3.智慧窗：什么样的学习方法才有效<br>4.体验吧：经验介绍——我有一个小窍门<br>5.成长坊：我的收获 |
| 水平五（高中年级） | 1.了解自己的学习特点 | 活动名称：案例分析<br>1.阅读故事：《从云端到低谷，对重新出发的领悟》<br>2.讨论：<br>（1）萌萌进入高中校门后遇到哪些问题<br>（2）面对问题，萌萌是如何做的<br>3.学生讨论分享<br>4.教师总结：比较高中与初中学习的差异，规划如何更好地迎接高中学习生活 |

（续表）

| 水平层级 | 内容标准 | 活动举例 |
|---|---|---|
| | 2.具有创新精神和创新能力，打破思维定势 | 活动名称：闯关堂<br>1.给大家两分钟的时间，用6条直线一笔将16个圈点连起来。请用箭头详细标出6条直线的方向<br>2.学生分享成果<br>3.问题引领：你们是怎么想到突破口的？在小组讨论中都出了哪些好主意呢？你对哪个主意印象深刻 |
| | 3.具有良好的考前准备状态，积极应对考试 | 活动名称：放松训练<br>1.请大家全体起立、出列、向右转，围成圆圈<br>2.每列站在最前面的人，一起拍手，后面的人依次把手放到前面人肩上，为对方做敲背、揉肩<br>3.所有人向后转，按照你感受和所学为你的伙伴做肌肉放松 |

### 3.掌握学习策略和方法

| 水平层级 | 内容标准 | 活动举例 |
|---|---|---|
| 水平二（小学中年级） | 掌握基本的学习方法，认真规范的学，把基本规范、基本 | 活动名称：好习惯的力量<br>1.学习好习惯锦囊：写出学习好习惯。如，每位同学结合日常学习，举例写出五个好的学习习惯，签上姓名后交给各小组组长 |

（续表）

| 水平层级 | 内容标准 | 活动举例 |
| --- | --- | --- |
|  | 知识、基本训练、基本方法作为认真规范的学的基本要求 | 2.学习好习惯拍卖会<br>假如每位同学现在有1万元，班级正在举办学习好习惯拍卖活动。请同学们积极参加竞拍活动，1万元花尽为止。选择一位同学担任拍卖师，负责把同学们征集的好习惯拍卖出去，谁出价高就卖给谁。拍卖师也有1万元，也可以参与竞拍 |
| 水平三（小学高年级） | 学会上课认真听讲的方法，总结出适合自己的学习方法 | 活动名称：思维过程有痕迹<br>1.初步认识思维导图：出示某生用思维导图展示的"自我介绍"的提纲<br>2.分析思维导图的构成：主题、分支、线条、关键词等<br>3.学习绘制思维导图：用思维导图来呈现绘制规则<br>（1）绘制分支，每个分支一种颜色，不同的分支之间不同的颜色，分支数目4~5个<br>（2）选取关键词，也可用贴切的图像或者代码代替关键词<br>4.练习绘制思维导图：梳理一个单元或章节的知识点 |

（续表）

| 水平层级 | 内容标准 | 活动举例 |
|---|---|---|
| 水平四（初中年级） | 1. 初步形成自己的学科思维 | 活动名称：爱上学科学习<br>1. 心语屋：最喜欢哪一科，为什么<br>2. 脑风暴：对于喜欢的学科，是如何对待它的？成绩如何<br>3. 智慧窗：学科推介会。为自己最不喜欢的学科写一篇生动有趣的推介书<br>4. 体验吧：为爱上某些学科，做出一点学习方法上的改变<br>5. 成长坊：喜欢的学科是否有变化？重新记录 |
| | 2. 提升学习效能 | 活动名称：提纯学习时间<br>1. 心语屋：诉说高效利用学习时间或效率低的经历<br>2. 直播间：举例认识什么是高纯度的学习时间<br>3. 智慧窗：学霸高招<br>4. 体验吧：自我时间监控；提纯计划书<br>5. 成长坊：提纯学习时间"同盟约定书" |
| 水平五（高中年级） | 1. 掌握科学的认知策略、元认知策略和资源管理策略 | 活动名称：我的24小时<br>1. 时间流水账：请学生观察和记录自己一天（24小时）所做的所有事情，记下所做事情花费的时间<br>2. 我的时间馅饼：在课上对自己的"时间流水账"进行整理归类，对比所占用的时间并绘制成饼图 |

（续表）

| 水平层级 | 内容标准 | 活动举例 |
| --- | --- | --- |
|  |  | 3. 介绍杜拉克时间管理法：①记录时间：分析时间浪费在什么地方。②管理时间：减少用于非生产性需求的时间。③集中时间：在整段时间内工作效率大于在分散时间内的工作效率之和，尽量利用大段时间进行工作<br>4. 根据杜拉克时间管理法制定明日计划，改善时间管理策略 |
|  | 2. 整合利用自己的学习资源 | 活动名称：我的学习"小分队"<br>1. 为了探索自己学习的支持力量，设计《我的学习"小分队"》表格（包含学习动力、学习方法、时间管理计划等）<br>2. 分享讨论<br>3. 问题引领：当你在学习中遇到困难时，你是如何解决的？如何平衡课余活动与学习的关系 |
|  | 3. 能够科学高效运用个性化学习策略 | 活动名称：我的学科魔法<br>1. 请学生用纸笔画出自己最擅长的优势学科。画完后，回忆自己在这个擅长学科上最有成就的某次测验、作业等，并记录成就回忆发送的时间、地点、感受等<br>2. 小组分享：请学生进行组内分享，并根据以上线索进一步探究自己优势学科中具体使用的学习策略（学业魔法）<br>3. 记录整理自己的学业魔法，并在其他学科进行运用 |

## 学习领域三  人际交往

### 1. 了解人际关系现状

| 水平层级 | 内容标准 | 活动举例 |
|---|---|---|
| 水平一（小学低年级）水平二（小学中年级） | 1. 结交新朋友、认识新老师，适应新环境 | 活动名称：虎克船长<br>1. 做游戏<br>①所有人围成圈圈，先搞清楚坐在两旁的人的名字。②由其中一人开始，说自己的名字两次，然后再叫另一人的名字。③被叫到的人两边的同学必须马上说："嘿呦！嘿呦！"并做出划船的动作。④接着再由被叫到的人再叫其他同学的名字，直到有人做错<br>2. 活动分享：说说你准确地记住了几个新朋友的名字<br>3. 能大声地叫出新朋友的名字，心情怎样？听到别人叫出你的名字，心情怎样 |
| | 2. 认识人际交往的重要性 | 活动名称：玩球的快乐<br>1. 全班分组任意玩球一分钟，要发展一种玩法并轮流呈现。①单人组②二人一组③三人或四人一组<br>2. 全班分为二组：自然成组，各组发展一种玩法并轮流呈现<br>3. 活动分享：你觉得这个游戏中，哪种状态玩球时，你最快乐？怎样让自己的团队完成任务更快<br>4. 总结：团队可以提供安全感，智慧需要碰撞，可以弥补自身不足 |

(续表)

| 水平层级 | 内容标准 | 活动举例 |
| --- | --- | --- |
|  | 3. 乐于与他人交往 | 活动名称：有缘相识<br>1. 准备48张纸片，每4张可拼成一个正方形，共12种颜色。每人一张，要有剩余<br>2. 每人凭手中的纸片寻找"有缘人"<br>3. 成对的"有缘人"在一起寻找彼此的3个共同点<br>4. 引导未找到者，还有什么办法可以找到自己的"有缘人"<br>5. 分享：你是怎样找到"有缘人"的？没找到时是怎样想的？这对于你今后的人际交往有什么帮助 |
| 水平三（小学高年级） | 1. 认识自己的人际交往现状，广泛交往 | 活动名称：寻人游戏<br>1. 指导学生写寻人信息卡（序号、特征）如 ①戴眼镜 ②喜欢动画（学生根据自己需求填写）<br>2. 根据信息卡上信息，10分钟之内找到具有该特征的同学，简单交流后签名<br>3. 看看谁的签名最多<br>4. 主签名最多的和某一特征签名最少的交流（符合同一特征的相互交流后，做全班分享） |
|  | 2. 建立良好的异性同伴关系 | 活动名称：你我他<br>1. 设置情境比赛，知道男女生各自优势。<br>2. 小擂台：写"男生女生知多少"<br>3. 异性交往"小锦囊"，每人从自己的角度来谈男女生交往的策略 |

（续表）

| 水平层级 | 内容标准 | 活动举例 |
| --- | --- | --- |
| 水平四（初中年级） | 感受、体验人际支持的力量 | 活动名称：坐地起身<br>1.两名或更多同学背靠背，坐在地上，同时胳膊要紧紧地挽在一起，相邻胳膊不能分开。在手不接触地面也不能抓扶任何辅助物的情况下，站起来<br>2.分享：如果成功站起来，那秘诀是什么？如果没成功，那么可能原因是什么？活动带给大家的启示 |
| 水平五（高中年级） | 梳理自己的人际关系状况 | 活动名称：我的人际关系圈<br>1.梳理自己现在的人际关系圈，把人际关系圈分为一级圈、二级圈、三级圈和潜在圈，把亲人、朋友、同学的名字拼音缩写写到相应的圈子里<br>2.察觉、感受自己目前的人际关系圈<br>3.调整目前的人际关系圈。用箭头、划线等方式把现在的人际关系圈调整到理想的状态，并分享调整的理由 |

## 2. 感受人际情感体验

| 水平层级 | 内容标准 | 活动举例 |
| --- | --- | --- |
| 水平一（小学低年级） | 体验积极交往的乐趣 | 活动名称：翻绳游戏<br>准备：同桌两人一根绳，翻绳小视频<br>1. 播放翻绳游戏小视频<br>2. 介绍翻绳的步骤和方法，同桌边听边合作。玩翻绳游戏遇到不会翻的时候，两个人可以交流、讨论、互相帮助<br>3. 分享：你和同桌合作，一起学会了翻绳游戏，此时你什么心情？遇到困难不会翻时，你们是怎么做的<br>说说你在学校还有哪些和同学一起玩耍、游戏、合作学习时的快乐事情 |
| 水平二（小学中年级） | 树立集体意识，懂得遵守社会规则，享受融入集体带来的乐趣 | 活动名称：拍手吉尼斯<br>准备：录制好的拍手视频<br>1. 规则：全班一起拍手，第一次拍一下，整齐划一；如果声音不齐，重来；声音整齐后可挑战拍手两下，如不齐，再从拍一下开始；成功后才能挑战继续拍三下、四下……出现不齐的声音后就要重来<br>2. 分享：出现不齐声音后你是怎样想的？每次都要重来给你带来怎样的感受？这会让你想到生活中哪些情景 |

（续表）

| 水平层级 | 内容标准 | 活动举例 |
|---|---|---|
| 水平三（小学高年级） | 积极参加集体活动，感受合作的乐趣 | 活动名称：履带战车<br>1. 各组用报纸拼成"履带战车"，在规定的时间内完成运载履带的制作<br>2. 组内所有成员要在履带内部统一行进，在履带不断的情况下到达指定目标，并把所有人员通过履带转移的安全地带，用时短为胜<br>3. 活动分享：你认为成功的法宝是什么？活动中你的角色是什么？你如何评价你的团队 |
| 水平四（初中年级） | 1. 建立良好的同伴关系和稳固的友谊 | 活动名称：我的"朋友圈"<br>1. 在A4纸的某个位置，写上自己的名字<br>2. 把自己的朋友一一写在A4纸的不同位置<br>3. 分享：你的"朋友圈"里都有谁？你们之间有着怎样的故事？他们分别带给了你怎样的影响 |
| | 2. 积极与老师沟通，拥有融洽的师生关系 | 活动名称：超级访问<br>1. 选择一位任课老师作为采访对象<br>2. 拟定采访内容（比如：老师的日常工作有哪些？他如何看待自己的工作？有什么兴趣爱好？最让他开心的是什么？）<br>3. 分享采访过程和心得体会 |

（续表）

| 水平层级 | 内容标准 | 活动举例 |
| --- | --- | --- |
|  | 3.积极与父母沟通，拥有融洽的亲子关系 | 活动名称：亲子剧场<br>1.全班组建若干个4~6人的"剧组"，根据生活实际中自己与父母之间互动的经历，创编剧本<br>2.排练演出（家长扮演者要模仿自己父母真实情况来扮演，孩子扮演者按照自己平时与父母互动的方式来扮演）<br>3.分享感受 |
| 水平五（高中年级） | 体验并积极回应人际间的积极情感 | 活动名称：人际间的三件好事<br>1.察觉近一周发生在自己身上的、人际间的三件好事，比如来自同学的帮助、善意、陪伴、给予、接纳等<br>2.把这三件事情写下来<br>3.把这三件事情分别表达给对方，可以直接口头表达，可以书写小卡片，或其他方式<br>4.被表达的同学察觉感受，积极回应 |

**3.掌握人际交往技能**

| 水平层级 | 内容标准 | 活动举例 |
| --- | --- | --- |
| 水平一（小学低年级） | 学会礼貌用语，运用礼貌行为 | 活动名称：学习《礼貌行为歌》<br>1.观看生活中不礼貌行为的情景剧<br>说说剧中的小朋友哪里做得不好？应该怎么做<br>2.观看《礼貌行为歌》PPT<br>3.说说礼貌歌中讲到了哪些礼貌行为<br>4.说说你在生活中是怎样有礼貌地与别人交往的 |

（续表）

| 水平层级 | 内容标准 | 活动举例 |
| --- | --- | --- |
| 水平二（小学中年级） | 学习微笑、倾听、基本交往技能 | 活动名称："神秘指示"<br>1. 两位同学一组。每组有 AB 两种不同的指令，分别装在不同的信封里，每人领取一个信封，并按照指令来做<br>A 讲述一件事　B 摆出不愿意听的样子<br>2. 分享：对方做什么了？你有什么感受<br>3. 人的身体会说话，不同的身体语言向人们传达不同的意思。倾听别人讲话是最起码的礼貌和尊重，是每个有修养的人必须做到的<br>4. 听别人讲话，该怎么听<br>5. 小组讨论，写下倾听秘籍 |
| 水平三（小学高年级） | 学习友谊原则和交际方法，指导自己与同学友好交往 | 活动名称：解手链<br>1. 学生站成一个肩并肩的面向圆心的闭合圆圈；每个人用右手，握住与不相邻的人的右手；再举起你的左手，握住另外一个与你不相邻的人的左手；在手不松开的情况下，想办法把这张解手链网打开；最后恢复成一个圆圈挑战成功<br>2. 活动分享：看到错综复杂的现状，你有信心解开吗？确信你们能形成一个圈吗？当解开一点以后，你的想法是否发生变化？你在游戏中起到什么作用？游戏带给你什么启发 |

（续表）

| 水平层级 | 内容标准 | 活动举例 |
| --- | --- | --- |
| 水平四（初中年级） | 学会言语沟通和非言语沟通的相关技能，养成宽容、友善等积极交往品质 | 活动名称：疯狂的设计<br>1. 全班分为若干个10人左右的小组，每个小组抽取一个英文字母，然后用尽可能短的时间用身体摆出这个字母<br>2. 分享合作摆字母的过程和感受<br>3. 总结盘点合作的技巧和注意事项<br>4. 把若干个10人左右的小组，组成20人左右的大组，共同摆成一个汉字<br>5. 全班同学一起用身体摆出班名或者班级标志 |
| | 区分友谊和爱情 | 活动名称：坦诚交流会<br>1. 小组内每人匿名写下对以下三个问题的思考：<br>第一题：你认为友情是什么<br>第二题：你认为爱情是什么<br>第三题：你认为两者的区别是什么<br>2. 写完后放在一起，每位同学抽出一个念给大家听，并请大家谈一谈对这个答案的看法<br>3. 小组总结看法，在全班分享 |
| 水平五（高中年级） | 把握异性交往方式 | 活动名称：话题大讨论<br>1. 每组抽1个情境问题，讨论如果遇到以下情境，你会怎么做<br>情境问题参考：<br>A 好朋友（异性）约你去看画展，你怎么回应 |

（续表）

| 水平层级 | 内容标准 | 活动举例 |
|---|---|---|
|  |  | B 有一个异性同学，最近每天晚上都找你聊天，你打算怎么办<br>C 你发觉自己对一个异性有好感，平日里和对方相处时要注意什么<br>2. 全班分享 |
|  | 学习表达技能、沟通技能 | 活动名称：化解冲突<br>1. 根据老师提供的冲突情景和脚本，两位同学在班内进行角色扮演<br>2. 观察同学的总结，两位同学有哪些好的表达技能、倾听技能<br>3. 同学们分别进行化解冲突的练习 |

## 学习领域四　情绪调适

### 1. 认识情绪

| 水平层级 | 内容标准 | 活动举例 |
|---|---|---|
| 水平一<br>（小学低年级） | 1. 觉察、识别自己情绪状态下的生理感受 | 活动名称：情绪"侦察兵"<br>1. 创设训练场的情景，请每位同学作侦察兵。分组设置不同的情景，侦察兵的目标是发现自己在情境中的身体反应<br>2. 观察、感受不同情绪状态下身体的反应，小组分享，如身体后退、手麻、体温升高等 |

（续表）

| 水平层级 | 内容标准 | 活动举例 |
| --- | --- | --- |
|  | 2.觉察单一情绪，如喜怒哀惧等基本情绪。能够区分自己的情绪 | 活动名称：情绪彩虹图<br>1.创设学生生活中常见的情景：如被表扬、被批评、与同学吵架、发生交通事故等。在情景中体验不同的情绪<br>2.选择不同颜色的彩笔代表喜悦、悲伤、愤怒和恐惧等情绪<br>3.根据每天各类情绪状态持续的时间来确定彩笔划线的长度<br>4.创作属于自己的"情绪彩虹图" |
| 水平二（小学中年级） | 1.发现并利用自己的特点，感受解决学习困难的快乐 | 活动名称：送你一朵小红花<br>1.吹气球挑战赛：以小组为单位挑战谁能最快将气球吹起<br>2.听录音，谈体会：播放学生努力后仍被选拔淘汰后的内心独白，小组讨论后在知心卡上写下自己遇到的学习困难<br>3.通过记者采访的情境设置，通过采访同学、老师了解困难，找到同学身上一个可以利用解决问题的特点，就送他一朵小红花<br>4.体会得到小红花的情绪感受、课后实践方法，每次解决学习困难后，再给自己得一朵小红花 |

（续表）

| 水平层级 | 内容标准 | 活动举例 |
|---|---|---|
| | 体会单一情绪基础上，觉察并体验复杂情绪 | 活动名称：情绪万花筒<br>1. 介绍表达性艺术治疗的材料——吸管。做示范，例如可以弯折、混合、复原等<br>2. 提供不同的情绪词汇，并请同学讲一讲情绪体验的故事<br>3. 根据自己的情绪体验，选择不同颜色的吸管来代表情绪<br>4. 随心将吸管混合成不同形状，看到情绪多样性，识别并体验复杂情绪 |
| 水平三（小学中高年级） | 1. 通过外显的行为觉察厌学等负面情绪 | 活动名称：123456<br>1. 观看小品《123456》，学生表演六种不同的学习态度<br>2. 其他学生分享如何通过行为识别不同态度<br>3. 我是"小医生"：诊断小品中几种错误的学习态度，并提供改变策略 |
| | 2. 通过面部表情、声音、肢体动作识别他人情绪 | 活动名称：共情"奇趣蛋"<br>1. 准备一个"情绪抽奖箱"，提前放入写好学生学习生活中常见情境的"奇趣蛋"<br>2. 邀请同学来抽奖，根据自己的理解表演抽到的情境<br>3. 其他同学根据表演者的表情、音调、动作来猜测当事人的情绪，说一说自己会做出的回应 |

（续表）

| 水平层级 | 内容标准 | 活动举例 |
| --- | --- | --- |
| 水平四（初中年级） | 1. 体验情绪的多样性和复杂性，了解青春期情绪的特点 | 活动名称：情绪变化曲<br>1. "你演我猜"情绪游戏<br>2. 部分同学进行情景剧表演，具体剧情可根据需要自行设定，比如发生各种事件引起不同情绪的变化，剩余同学体验剧中人物的情绪变化<br>3. 小组内说一说自己最近一周的情绪变化<br>4. 根据大家分享，探索青春期情绪的特点 |
| | 2. 能够觉察并了解自己情绪的前因后果 | 活动名称：情绪图谱<br>1. 准备彩笔<br>2. 选择一种颜色，代表某种情绪<br>3. 摆放彩笔的位置，表达程度<br>4. 用选择的彩笔为自己的情绪图谱上色<br>5. 观察自己的情绪图谱，说说自己的发现 |
| | 3. 了解情绪的影响作用，认识关注自我情绪健康的重要性 | 活动名称：心理剧"我的一天"<br>1. 心理剧表演：两位同学面对考试失利的相同情景，因为有不同的情绪反应，导致了不同的结果<br>2. 小组内分享剧中人物的喜怒哀乐<br>3. 分析情绪对剧中人物造成的影响，认识关注情绪健康的重要性<br>4. 回归自身，回顾体会情绪的影响，说说自己以后对情绪健康方面的打算 |

（续表）

| 水平层级 | 内容标准 | 活动举例 |
|---|---|---|
| 水平五（高中年级） | 1. 了解情绪的种类，掌握更多情绪概念 | 活动名称：我来"变脸"<br>1. 播放视频《川剧变脸》<br>2. 同学随机抽取情绪纸条，表演出相应的情绪，其他同学推测<br>3. 提供二十种基本的情绪供学生学习体验：快乐、愤怒、失望、悲伤、期待等<br>4. 为情绪重命名：这个情绪还有其他什么名字？你能否创作一段小诗来描述此情绪 |
| | 2. 了解情绪的意义和价值 | 活动名称："情"意深重<br>1. 播放《动物世界》里斑马被狮子追杀的片段，引出恐惧和焦虑的动机作用及生存价值<br>2. 分小组讨论积极情绪和消极情绪的价值；教师提炼并总结<br>3. 消极下的优雅：分享"我"的故事——某种消极情绪，比如焦虑、愤怒，曾经带给我什么好处<br>4. 呈现耶基斯-多德森定律，深化学生对于焦虑价值的认识 |
| | 3. 使用有效的策略与情绪拉开距离，觉察自我情绪 | 活动名称：拉开与"情"的距离<br>1. 画出情绪脸谱<br>2. 小组分享：自己一般在什么情况下会有这种或那种情绪？身体会有什么感受？一般会持续多久<br>3. 介绍标签的形式，如：我正感觉自己身体的____部分感受到____（描述自己身体感觉的部位与特征）等<br>4. 总结分享 |

## 2. 表达情绪

| 水平层级 | 内容标准 | 活动举例 |
| --- | --- | --- |
| 水平一<br>（小学低年级） | 在安全的环境中，敢于用倾诉、哭泣、绘画等方式表达自己真实的情绪状态 | 活动名称：情绪小怪兽<br>1. 游戏导入，每位同学都是一个无所顾忌的"小怪兽"，在丛林中生活<br>2. 介绍5个不同小怪兽的性格，分别是快乐、愤怒、忧郁、害怕、悲伤<br>3. 创设情境，遇到困难，表现可能作出的五个小怪兽的反应 |
| 水平二<br>水平三<br>（小学中高年级） | 1. 通过情绪表达训练，掌握情绪控制和表达的方式 | 活动名称：情绪五指法<br>1. 介绍情绪五指法：伸出拇指说一说我怎么了——为情绪命名。伸出食指，我身体哪里不舒服——摸一摸不舒服的位置，并深吸一口气。伸出中指，刚才发生了什么——回顾事情的经过。伸出无名指，刚刚我做了什么——回顾自己的言行。伸出小指，下次我如何做才能更好——对未来的计划<br>2. 创设一种情境，比如和他人有摩擦，进行情绪五指法的练习 |

（续表）

| 水平层级 | 内容标准 | 活动举例 |
|---|---|---|
|  | 2.学会在不同场景下采用不同的方式恰当表达自己的情绪 | 活动名称：情绪大转盘<br>1.准备一个大转盘，写好场景举例。请同学来旋转、选择场景，分享自己曾在选中场景中体验到了什么情绪<br>2.通过"相似圈"，说一说自己会如何表达这种情绪。请同学们站在一个圆圈里，一个同学提问：谁和我一样，伤心的时候会大哭一场？和他一样的同学向前迈一步，形成一个相似圈。大家相互击掌，回到大圈。然后换同学继续提问<br>3.不同圈层的人互相提供策略及原因，全班共同选择合适的方式 |
| 水平四（初中年级） | 1.了解情绪表达的基本原则，探索情绪表达的方法，能够用恰当的方式表达情绪 | 活动名称：写情绪日记<br>1.观看情景剧：剧情根据需要自行设定，比如某同学遇到了某件不顺心的事情，自己感到憋屈、生气、伤心等，但是又不知道怎么表达出来。体会剧中人物的情绪状态，分析他们表达情绪的方法<br>2.帮剧中人物寻找更合适的表达方法<br>3.学习写情绪日记，并进行书写尝试<br>4.写完后分享此时此刻的心情 |
|  | 2.享受积极情绪带来的愉悦 | 活动名称：画情绪曲线<br>1.选择一种自己喜欢的颜色代表自己感受到的积极情绪<br>2.为自己最近一周经历过的每一种情绪赋分<br>3.根据赋分表画出最近一周的情绪曲线<br>4.找出情绪曲线上的最高点在小组内进行分享 |

（续表）

| 水平层级 | 内容标准 | 活动举例 |
| --- | --- | --- |
|  | 3.明白消极情绪也有积极意义，并能选用恰当的方式表达出来 | 活动名称：讲情绪故事<br>1.回顾自己最近一周的情绪状态并选出一件自己愿意与伙伴分享的引发消极情绪事情<br>2.在小组内分享自己的情绪故事<br>3.小组成员根据同伴的分享进行讨论，共同寻找最恰当的表达方式 |
| 水平五（高中年级） | 1.感悟积极语言的力量 | 活动名称：改变你的语言，改变你的世界<br>1.心理剧——恶语伤人六月寒<br>在班里，小红一不小心碰到了小明，小明说："你眼瞎吗？走路没长眼睛吗？"让学生感受消极语言带来的伤害<br>2.视频欣赏《改变你的语言，改变你的世界》，归纳日常生活中的积极语言<br>3.予人玫瑰，手留余香。书写"玫瑰卡片"，送给周围需要你温暖的同学 |
|  | 2.学习非暴力沟通，掌握愤怒的化解策略，策略性地表达情绪 | 活动名称：破解非暴力沟通密码<br>1.呈现"小林漫画系列"，引导体会：最愤怒时，也要忍住伤害对方的那句话。让学生意识到控制愤怒的重要性<br>2.呈现化解冲突的非暴力沟通元素：表达自己的感受、需要，提出具体要求<br>3.场景深化，非暴力沟通原则的应用，用角色扮演展示出来 |

### 3. 调节情绪

| 水平层级 | 内容标准 | 活动举例 |
| --- | --- | --- |
| 水平一<br>（小学低年级） | 1. 了解班级和学校，体验到安全感和归属感 | 活动名称：有趣的门票<br>1. 设计有班级特色的门票<br>2. 请学生观察门票信息：班级名称、班级介绍等<br>3. 发放门票，并请每一位同学在门票留白处补充个人信息，增进融合度 |
| | 2. 通过感知界限，初步学会自我控制 | 活动名称：刚刚好和太多了<br>1. 播放《刚刚好和太多了》微视频，初步了解行为界限<br>2. 游戏"小女孩等爸爸吃石榴"，听到"我"字动起来，听到"你"字停下来<br>3. 分享游戏体会，初步学习自我控制的方法 |
| 水平二<br>（小学中年级） | 1. 通过感知他人的情绪体验来整合自己的情绪反应，使之适应当时的情境 | 活动名称：情绪翻译<br>1. 做活动"指令宝贝"，以情绪词为指令，判断是积极情绪还是消极情绪<br>2. 出示不同情境，进行讨论、分享<br>3. 如果你是相应情境中主人公的情绪翻译，如何表达主人的情绪合适？请同学们在情绪记录单上填写相应的情绪反应，以及如何有效表达情绪<br>4. 小组代表发言，班内交流 |

(续表)

| 水平层级 | 内容标准 | 活动举例 |
| --- | --- | --- |
|  | 2.初步掌握调节情绪的方法 | 活动名称：波涛汹涌<br>1.老师导入：当我们心中有气，顶在胸口很难受，我们一起赶走它好吗<br>2.每人一个充好气的气球<br>3.抛高自己的气球，尽力让自己的气球停留在空中，同时尝试打下别人的气球<br>4.谁的气球跌落即被淘汰，保持气球在空中最久的获得胜利<br>5.老师总结：现在我们都学会了"出气" |
| 水平三（小学高年级） | 1.通过积极情绪的体验帮助学生发现自己的优势，塑造健康向上的心理品质 | 活动名称：信心储蓄罐<br>1.选择自己的优点写在纸条上，放在信心储蓄罐内<br>2.班级同学传递信心储蓄罐，在纸条上互相补充优点<br>3.当自己有情绪困扰时，抽出纸条鼓励自己 |
|  | 2.探索适合自己的情绪管理方法，提升情绪调节能力 | 活动名称：快乐调色板<br>1.请同学们书写快乐关键词<br>2.所有同学在各自小组逐一分享，并简单解释内涵<br>3.每组选取一位小组代表发言，分享关键词<br>4.教师记录每组关键词，以及相同词出现的频率<br>5.小组讨论，根据关键词总结如何才能获得更多积极情绪 |

（续表）

| 水平层级 | 内容标准 | 活动举例 |
|---|---|---|
| 水平四（初中年级） | 1. 探索管理消极情绪的方法 | 活动名称：心理剧"我的一天"<br>1. 表演心理剧"我的一天"：主人公在一天中遇到了各种事件，从而引发不同的情绪<br>2. 小组研讨，根据剧情，体会剧中人物的情绪状态，找到情绪事件，帮助剧中人物寻找调节情绪的方法<br>3. 小组讨论，总结管理消极情绪的方式方法，并寻找最适合自己的方法 |
| | 2. 了解情绪 ABC 理论，尝试改变不合理认知 | 活动名称：情绪 ABC<br>1. 教师讲解情绪 ABC 理论<br>2. 出示相关情境，小组内运用情绪 ABC 理论进行练习<br>3. 分享自己的情绪经历，寻找同伴进行对话练习，消除不合理信念<br>4. 把学到的方法积极应用到生活中去 |
| | 3. 体验积极情绪，培养积极情感 | 活动名称：积极情绪的力量<br>1. 分享"小林漫画"，让学生说出漫画里蕴含着的积极情绪。比如，漫画内容：远方不远，就在脚下（希望）。答案：喜悦、感激、宁静、兴趣、希望、自豪、幽默、激励、敬佩和爱<br>2. 哑剧表演：让学生用肢体语言分享最近开心的某件事情，其余学生推测事件内容<br>3. 分享实验：积极情绪提升人的创造力<br>4. 播放视频《肖申克的救赎》片段：希望的力量 |

(续表)

| 水平层级 | 内容标准 | 活动举例 |
|---|---|---|
| 水平五（高中年级） | 掌握应对考试焦虑的方法 | 活动名称：考试这件"小事"<br>1. 改编版歌曲《最近比较烦》<br>2. 分享哲学故事《国王和丞相》<br>3. 重新解读焦虑：将"我很紧张"定义为"我很兴奋，肾上腺素的增加帮助我集中注意力" |
| | 探索、掌握学习压力的应对策略 | 活动名称：学习"压"出优雅<br>1. 以图片形式呈现压力名言，如勇气是压力下的优雅；鸡蛋从外打破，是食物，从内打破，是生命（海明威）；人无压力轻飘飘，井无压力不出油（王进喜）；等等<br>2. 分享早衰症少年TED演讲《我的快乐人生哲学》，让学生意识到认知重构的重要性<br>3. 播放《少年派的奇幻漂流》视频片段，懂得如何与压力共处 |

## 学习领域五　性教育

### 1. 认识生长发育，学会自我保护

| 水平层级 | 内容标准 | 活动举例 |
|---|---|---|
| 水平一、二（小学低、中年级） | 1. 了解人的生命起源和周期，知道"我是从哪里来的"，珍惜生命，敬爱父母 | 活动名称：拣棋子<br>1. 体验孕育的辛苦。准备生鸡蛋若干，围棋子若干，装满10千克书本的书包若干<br>2. 约10千克重的书包绑在腰前，书包中放置一只生鸡蛋<br>3. 参赛者在3分钟之内尽可能多地拣起地上的棋子，同时必须保护好书包中的那只生鸡蛋，拣多者为胜 |

（续表）

| 水平层级 | 内容标准 | 活动举例 |
|---|---|---|
|  | 2.通过体表性特征区分男生女生，认识和保护自己的隐私部位 | 活动名称：我给娃娃穿衣服<br>1.发给每位同学一张画着男、女娃娃裸体的卡通图，让学生给裸体娃娃画上衣服<br>2.学生展示并回答衣服遮住的身体部位，即为隐私部位<br>3.教师顺学生的回答，讲解身体隐私部位，明确身体的红绿灯 |
|  | 3.了解什么是性侵害，知道男女生都可能被性侵，学会预防性侵 | 活动名称：口香糖<br>1.学生说"口香糖"，其他同学问"粘什么"，回答"粘左肩"。每人就用右手去粘另外一个同学的左肩。记住自己粘了哪些部位<br>2.换一位同学上来说粘的部位<br>3.采访两位学生，在说粘的部位的时候有没有什么注意事项<br>4.采访参与者，刚才我们粘了身体的哪些部位呢？哪些部位不能让别人粘呢 |
| 水平三（小学高年级） | 了解男生、女生生殖器的功能，正确对待青春期的生理心理变化，形成明确的自我保护意识 | 活动名称：你来猜一猜<br>1.学生观看老师展示的图片，图片上是人体某个部位，比如耳朵、鼻子、嘴巴、胳膊等<br>2.学生观看每张图之后猜一猜教师所展示的是男生还是女生<br>3.学生发现无法通过图片上这些部位准确判断男生女生，而真正可以区分男女生的部位叫"生殖器官"<br>4.通过科普图片和视频正确认识男女生生殖器官的功能 |

（续表）

| 水平层级 | 内容标准 | 活动举例 |
|---|---|---|
| 水平四（初中年级） | 科学看待青春期的生理发育和心理变化，了解常见问题的预防与处理 | 活动名称：青春"盲"盒<br>1. 让学生写出男生（女生）青春期身体的变化与困惑<br>2. 写好纸条，折好放入不透明的袋子里。<br>3. 分小组，抽取纸条，阐述对所抽到的困惑的解释和看法<br>4. 集体讨论，反馈、分享 |
| | 学习自我保护，预防性骚扰与性侵害 | 活动名称：援助之手<br>1. 每小组在课前搜集一个有关性骚扰或性侵害的案例<br>2. 小组讨论帮助方法，制定帮助方案<br>3. 分享本小组案例，并汇总帮助方法<br>4. 在方案最后每个组员写下一句你想对受害者说的话 |
| 水平五（高中年级） | 破除自我的体像烦恼，注重青春期生理与心理的自我保健 | 活动名称：接纳我自己<br>1. 欣赏许飞的《爱自己》<br>2. 5分钟思考：对自己哪些身体部位不满意，写到纸条上<br>3. 自愿原则，请3~4名同学分享所写内容，越形象、生动、调侃越好，不需解释原因。分享后大声说一句："虽然是这样子，我还是喜欢我自己！"<br>4. 台下学生用掌声代表接受和认可的程度<br>5. 小组内部分享所写内容与感受 |

（续表）

| 水平层级 | 内容标准 | 活动举例 |
|---|---|---|
| | 培养应对性骚扰和性侵害的能力 | 活动名称："对性骚扰说'不'"微视频制作<br>1. 分小组创作微视频。要求主题明确，逻辑合理，条理清晰，有启发性和可学习性，传递正能量；有可观赏性和艺术性，避免血腥、暴力或色情镜头<br>2. 展演与讨论作品，传递科学价值观，培养学生应对性骚扰和性侵害的能力 |

## 2. 建立正确的性别观念

| 水平层级 | 内容标准 | 活动举例 |
|---|---|---|
| 水平二、三（小学中、高年级） | 初步认识生理性别、心理性别和社会性别的含义，悦纳自己的生理性别，并初步具备社会性别平等意识，有评判刻板印象的能力 | 活动名称：男女生优点词汇大搜索<br>1. 分组讨论描述男生女生优点的词汇，写在卡片上<br>2. 将各组词汇汇总贴在黑板上<br>3. 男生选出希望女生具备的优点，女生选出希望男生具备的优点<br>4. 根据选择结果讨论 |

(续表)

| 水平层级 | 内容标准 | 活动举例 |
|---|---|---|
| 水平四（初中年级） | 了解性别差异，尊重不同性别者的气质，学会相互学习，共同合作 | 活动名称：男孩女孩各有特点<br>1. 搜集可以描述男生女生的词语，并分别张贴在性别名牌上<br>2. 自我分析，哪些是想要移动的？哪些是想要删掉的？为什么？我想培养的性别特质是什么<br>3. 集体评选出班级最欣赏特质 |
| | 辨析性别刻板印象及影响，接纳自己的性别气质 | 活动名称：性别视角看校园<br>1. 分小组谈论学校中有性别差异的地方<br>2. 分小组进行采访不同性别的观点<br>3. 小组汇报：为落实性别平等，有什么好的建议 |
| 水平五（高中年级） | 深入理解生理性别、心理性别和社会性别的概念 | 活动名称：前后10年的我<br>1. 学生回顾和感受过去10年来自己的成长与变化（可拿出自己10年前的照片），包括生理自我、心理自我和社会自我<br>2. 发挥想象力，设想10年后的自我形象、生活与工作状态、人际交往等<br>3. 分析上述设想与生理性别、心理性别和社会性别的关系<br>4. 分析自己的10年规划中，是否存在性别气质的刻板化 |

（续表）

| 水平层级 | 内容标准 | 活动举例 |
|---|---|---|
|  | 理解性别平等，破除性别气质的刻板化 | 活动名称：性别历程<br>1.学生自由发言，说出社会对于男性、女性的刻板印象（外表形象、人格特征、角色行为、职业），老师写在黑板上<br>2.学生探讨对性别刻板印象的看法<br>3.带领学生分析形成性别刻板印象的生理因素和社会因素，着重探讨社会因素<br>4.学生联系生活实际，探讨如何破除性别气质的刻板化 |

### 3. 学会恰当的异性交往方式

| 水平层级 | 内容标准 | 活动举例 |
|---|---|---|
| 水平三（小学高年级） | 学习与异性交往的原则、方法与礼仪，建立和维持良好的异性同伴关系 | 活动名称："抓手指"游戏<br>1.游戏规则：四人自由组合为一小组；左手比"我很棒"的手势，右手则为"OK"的手势，并将左手的大拇指穿左边同学的右手的"0"字母中<br>2.听老师讲一段话，当出现"青春期"三个字时，右手设法抓住右侧人的大拇指，左手的大拇指设法逃掉，以抓住次数多者为胜。提前抓者无效<br>3.讨论：为什么有些时候选择同性别的合作伙伴 |

（续表）

| 水平层级 | 内容标准 | 活动举例 |
| --- | --- | --- |
| 水平四（初中年级） | 把握与异性交往的尺度，学会性别间恰当的表达与沟通方式，建立良好的人际关系 | 活动名称：合作传苹果<br>1.一名男生和一名女生组成一组，每人伸出一只手，两个人的手合夹住一个苹果，以列为单位向后排传递，一直到最后一桌，再传回来，看哪组更快<br>2.请同学们先思考30秒，再说一说，怎样做才能传递得很好 |
| | 明确友情和爱情之间的区别，学会恰当的异性交往方式，建立健康交往方式 | 活动名称：解读"怦然心动"<br>1.根据学生人数分组，4~6人一组，每人一张纸，3分钟时间回想自己以前有过的怦然心动的场景或者经历，用自己喜欢的方式呈现出来，可以是抽象的画面或者文字叙述，能够借助它向组内成员描述这个体验即可（注意隐私保护）<br>2.展开对爱情和友情的探讨 |
| 水平五（高中年级） | 扩展对异性的了解；理解爱情与责任、婚姻与承诺的关系 | 活动名称：玻璃大鱼缸<br>1.男女生分开，同性一起围绕男、女生相处及关系提出一些需异性同学回答的问题，单独写在纸上折好，放进盒子<br>2.女生围坐在地板上，男生坐在外圈凳子上<br>3.女生轮流从盒子里拿出男生的问题，大声读出，讨论后回答。男生获得读题女生同意后，方可发言<br>4.男女生交换位置，以同样方式回答所收集的女生问题<br>5.讨论分享 |

（续表）

| 水平层级 | 内容标准 | 活动举例 |
| --- | --- | --- |
|  | 学会处理学习和恋爱间的关系 | 活动名称：鱼和熊掌的取舍<br>1. 教师提供案例：因恋爱导致成绩下降该如何处理，恋爱和学习是鱼和熊掌的关系吗<br>2. 讨论分享，提出自己的看法<br>3. 小结：对一个人有好感、欣赏就正如树要发芽、长枝、开花、结果一样正常，但是要尊重自己的情感。要珍爱自己，更要对自己的学习负责，最终做出正确的选择 |

## 学习领域六　生命教育

### 1. 认知与感受生命

| 水平层级 | 内容标准 | 活动举例 |
| --- | --- | --- |
| 水平一（小学低年级） | 初步感知生命的起源，有初步的性别角色意识，了解生命的多样性，感受生命体的丰富性 | 活动名称：我从哪儿来？<br>1. 结合绘本《小威向前冲》了解生命的由来和过程<br>2. 分享活动感受<br>3. 看一看自己从小到大的照片，选择一到两张印象最深刻的照片，交流自己的成长故事，分享自己的成长体验 |

（续表）

| 水平层级 | 内容标准 | 活动举例 |
| --- | --- | --- |
| 水平二<br>（小学中年级） | 初步认识自己的独特性，培养自理、自立能力，促进个体健康成长 | 活动名称：我的色彩<br>1. 用3个关键词，概括心目中的自我，写在彩虹桥上，并涂上自己喜欢的色彩<br>2. 同桌互相交换彩虹桥，用3个关键词写下自己心目中的对方的特点<br>3. 交换回来选择自己认可的关键词，涂上喜欢的色彩<br>4. 对比自己和同桌对自己的看法与描述，分享活动感受 |
| 水平三<br>（小学高年级） | 初步感知快乐与挫折，提高耐挫力和坚韧性 | 活动名称：小鸡变凤凰<br>1. 游戏规则：所有人蹲下当小鸡，两两猜拳，赢者进化为大鸡可以站起。大鸡找大鸡猜拳，赢者就能进化为凤凰飞回座位，输的又变回小鸡<br>2. 游戏结束后，请同学们谈一谈游戏中成功或者失败的感受<br>3. 分享生活中自己战胜困难的故事 |
| 水平四<br>（初中年级） | 认识生命的真相，感受丰富多彩的生命，感恩生命 | 活动名称：绚丽的生命<br>1. 通过视频让学生看到不同生命的状态，看到每个人的色彩<br>2. 让学生说出自己的生命色彩<br>3. 说出自己生命色彩的做法 |

（续表）

| 水平层级 | 内容标准 | 活动举例 |
|---|---|---|
|  | 初步思考生命意义，唤醒生命意识 | 活动名称：绽放生命之花<br>1. 感受生命的意义。采访生命中最重要的三个人，请他们说说"人为什么活着"<br>2. 体味生命的意义。画自己的生命线，回顾自己生命中的重要经历，探讨这些经历对自己生命的意义<br>3. 绽放生命之花。引导学生设想自己未来的生活 |
| 水平五（高中年级） | 深度思考生命的意义与目的，理解生命内涵 | 活动名称：生命的色彩<br>1. 思考：我希望我的生命中拥有哪些元素<br>2. 写出生命的元素，并用不同颜色的毛根表达出来<br>3. 以"生命"为主题，将代表不同生命元素的毛根整合创作为一个作品，并为作品命名<br>4. 分享作品以及自己对于生命意义和价值的思考 |

## 2. 敬畏与珍爱生命

| 水平层级 | 内容标准 | 活动举例 |
|---|---|---|
| 水平二（小学中年级） | 认识生命的可贵，珍爱生命 | 活动名称：成长故事<br>1. 制作成长调查表，根据表格上的内容，采访自己的家人，了解自己的成长故事<br>你出生时多重？现在多重？你出生时爸爸妈妈的心情怎样？他们当时有说什么话？小时候你的身体好吗？会经常生病吗？小时候你淘气吗？做过什么危险的事情<br>2. 为了呵护我们这个小生命，家人还为我们做过哪些事情呢？分享自己的成长故事 |

（续表）

| 水平层级 | 内容标准 | 活动举例 |
|---|---|---|
|  | 掌握自我保护的基本方法 | 活动名称：身体红绿灯<br>1. 认识自己的身体，知道男孩和女孩的区别<br>2. 了解身体红绿灯的规则，通过举牌，懂得保护隐私部位<br>3. 任何让自己感到不舒服的亲近都要勇敢拒绝，大声说"不"<br>红灯区是禁区，是指不允许其他人触碰的身体部位<br>黄灯区是警戒区，只有和你关系亲密的人才可以触碰<br>绿灯区是安全区，可以触碰，并且不会觉得尴尬和不舒服 |
| 水平三<br>（小学高年级） | 学习生存技能 | 活动名称：生存技能大练兵<br>1. 老师通过课件展示、动作要领讲解，教授学生一些基本的逃生和自我防护方法<br>2. 模拟演练，分小组设置场景，组织学生进行体验：地震逃生、火灾逃生、防拥挤踩踏、急救包扎 |

（续表）

| 水平层级 | 内容标准 | 活动举例 |
|---|---|---|
| | 学习坚强面对生活中的困难和变故，提高个人的承受能力 | 活动名称：生命玻璃杯<br>1. 在卡片上画出一只玻璃杯，并把它描绘得色彩斑斓<br>2. 在杯子上写下最近自己遇到的困难和烦恼<br>3. 卡片不记名，小组长收集组内卡片，大洗牌。每个组员随机抽取一张卡片，仔细阅读后认真解答<br>4. 小组讨论后，教师提问：如果你遇到了这样的问题怎么办？其他同学是如何看待你的难题的 |
| 水平四（初中年级） | 认识校园欺凌，学会保护自己，尊重他人的生命 | 活动名称：拒绝校园欺凌<br>1. 心理剧表演《校园欺凌》<br>2. 说出校园欺凌的种类都有哪些<br>3. 在自己生活中看到了哪些校园欺凌事件<br>4. 在生活中是如何保护自己和他人的 |
| | 了解生命的韧性，养成积极应对困难挫折的态度 | 活动名称：我的挫折银行<br>1. 教师设计打印"我的挫折银行"，每位学生一张<br>2. 回忆生活中自己遭遇的挫折，一一写在"我的挫折银行"上<br>3. 写下由此事件获得的有意义的经验、教训或启发<br>4. 写下对待挫折的态度 |

（续表）

| 水平层级 | 内容标准 | 活动举例 |
| --- | --- | --- |
|  | 增强心理安全意识，了解应对策略和求助方式，守护生命健康 | 活动名称：生命卫士<br>1. 通过生命状态图片，让学生了解社会生命动态<br>2. 当自己的生命状态出现红色预警的时候，应对策略是什么<br>3. 当自己难以应对的时候，求助方式有哪些 |
| 水平五（高中年级） | 接受苦难与困难是生命的一部分并认识其积极意义，学会用积极的方法面对痛苦与失落 | 活动名称：生命的礼物<br>1. 在生命鱼骨线上标出过往生命中印象深刻的事件，将积极正向的事件标在鱼骨的上方，反之标在下方<br>2. 思考与分享：在生命中非常沮丧的时刻，是什么让你重新再站起来<br>3. 思考：如果每一件生命故事都带给了你一份礼物，那个礼物是什么<br>4. 绘制一棵生命树，并将礼物画在树上<br>5. 展示分享 |

### 3. 扩展与升华生命

| 水平层级 | 内容标准 | 活动举例 |
| --- | --- | --- |
| 水平二（小学中年级） | 培养良好的兴趣爱好，感受生命的可爱 | 活动名称：手绘生命<br>1. 在一张 A4 纸上画下自己手掌的轮廓<br>2. 在大拇指上写出自己的优点，在食指上写出自己的兴趣爱好，在中指上写出自己的特长，在无名指上写出自己的愿望，在小拇指上写出自己想要提高的一个方面<br>3. 展示分享 |

（续表）

| 水平层级 | 内容标准 | 活动举例 |
| --- | --- | --- |
| 水平三（小学高年级） | 明确自尊、自信、自立、自强在生命成长历程中的重要作用，形成积极乐观的人生态度 | 活动名称：我的生长树<br>1. 请同学们回想从小到大你认为不自立或者依赖别人的三个方面<br>2. 把它们分别写在不同颜色的彩纸上，剪成自己喜欢的形状，贴在生长树上<br>3. 再选用不同颜色的彩纸写出你自立自强的方法，同样贴在生长树上<br>4. 小组分享，代表发言，分享关键词<br>5. 教师记录每组关键词，以及相同词出现的频率，全班讨论交流 |
| | 学会关爱自己 | 活动名称："我"很重要<br>1. 请结合绘本《我》（张蓬洁）阅读，感受自己作为"独一无二"个体的重要性<br>2. 分享你的阅读感受，引导学生学会爱自己<br>3. 小组交流讨论，如何爱自己，你会怎样做<br>师生总结延伸：除了爱自己我们还要爱别人，因为别人和我们一样，很重要，也很特别，我们怎么爱自己就要怎样爱别人 |
| 水平四（初中年级） | 初步树立正确的审美观，明白内在美的重要性，丰富生命内涵 | 活动名称：生命之美<br>1. 谁最美？展示三位名人照片，请学生分享最欣赏哪一个？为什么欣赏他<br>2. 我美吗？引导学生正确看待"美"<br>3. 如何让我的生命更美丽 |

（续表）

| 水平层级 | 内容标准 | 活动举例 |
| --- | --- | --- |
| 水平四（初中年级） | 探索个人生命的价值和意义，认识自我、他人、社会、自然的关系，形成积极的生命观，促进生命的和谐发展 | 活动名称：生命价值表<br>1. 教师设计打印"生命价值表"，每位同学一张<br>2. 学生在"生命价值表"上，填写自己做过的对生命有意义的事情或行动<br>3. 学生在"生命价值表"上，填写自己希望能做的对生命更有意义的事情或行动 |
| | 开发生命的潜能，充分活出生命的价值 | 活动名称：生命之舞<br>1. 观看电影《夺冠》片段，感悟女排精神<br>2. 小组内谈观后感<br>3. 教师小结女排精神<br>4. 由女排精神，思考自己想达到什么样的生命状态<br>5. 思考如何让生命起舞 |

（续表）

| 水平层级 | 内容标准 | 活动举例 |
|---|---|---|
| 水平五（高中年级） | 直面死亡，澄清自己的生命观 | 活动名称：我的墓志铭<br>1. 每位同学为自己写墓志铭并分享墓志铭的含义<br>2. 结合墓志铭，规划和描绘自己的一生<br>3. 角色扮演80岁的自己，跟子孙后代讲述自己的人生历程以及对于社会的贡献 |
|  | 厘清生命的方向，学习充实生命内涵的方法 | 活动名称：未来之路<br>1. 每位同学为自己画一条生命线<br>2. 预测自己的死亡年龄并标注在生命线上（预测依据：本人健康状况、家族的健康状况、生活地域的平均寿命）<br>3. 在生命线上找出今天的位置，写上今天的年龄和日期<br>4. 写出过去生命中有意义的三件事以及未来人生中最想做的、能让生命更充实的三件事<br>5. 展示分享 |
|  | 探讨社会关怀的途径与社会正义的内涵 | 活动名称：世界因我而不同<br>1. 观看视频《特蕾莎修女的故事》<br>2. 小组内分享观后感<br>3. 小组讨论分享以下问题：<br>（1）个人与社会的关系是怎样的<br>（2）你感受到过哪些来自社会的关怀<br>（3）高中生参与社会关怀的途径有哪些<br>（4）未来当你走向社会，你能为社会贡献什么<br>（5）社会会因为你而有怎样的不同 |

## 学习领域七　生涯教育

### 1. 唤醒生涯意识

| 水平层级 | 内容标准 | 活动举例 |
| --- | --- | --- |
| 水平三（小学高年级） | 在体验活动中挖掘自身的特质以及潜在能力，提高自我认同 | 活动名称：大脚丫跳芭蕾<br>1. 师生共读故事《大脚丫跳芭蕾》<br>2. 学生交流分享故事带给我们的感受与启发<br>3. 画一画你的梦想，说一说怎样实现 |
| 水平四（初中年级） | 掌握生涯发展的几个阶段，明确初中阶段处于生涯的探索与成长期 | 活动名称：我的职业兴趣岛<br>1. 根据霍兰德职业兴趣发展的六种类型设立六个小岛，学生体验航海模式，选取海岛，围岛而坐<br>2. 结合海岛特征了解自身优势，分配任务，每座海岛成员要共同创作本海岛的一幅广告画，达到宣传本岛的目的<br>3. 海岛宣传画创作要求：设计彰显本岛特色的 logo |
| 水平五（高中年级） | 了解生涯发展观念与生涯规划的重要性 | 活动名称：生涯规划早知道<br>1. 通过阅读《三只蚂蚁找食物》（三只蚂蚁选择不同的途径都找到了食物，说明达成目标的方式有很多），分享对生涯的理解，引起学生对生涯规划的重视<br>2. 讲解生涯知识（是什么、目的和意义）<br>3. 画生涯树，分享过去对自己影响最重要的事件和人物、希望接下来的生涯曲线怎么走、有什么启示。教师总结生涯规划的重要意义 |

（续表）

| 水平层级 | 内容标准 | 活动举例 |
|---|---|---|
| | 了解学习与工作、休闲及家庭生活的关系 | 活动名称：学习娱乐对对碰<br>1. 话剧表演：选出一个同学，分享每天不同时间段自己的学习、娱乐和家庭生活情况，另选三个同学分别扮演他的学习、娱乐和家庭生活的情景，按照他分享的情况进行表演<br>2. 同学分享感受，并说出你是如何安排学习与娱乐的。其他同学听后有什么启发<br>3. 教师总结，优质的闲暇生活也是人生重要的部分 |
| | 学习如何与父母讨论"生涯发展与规划"的问题 | 活动名称：家族职业同心圆<br>1. 学生画一个同心圆，自己处在圆点，分别在第一、二、三层写下与自己距离不同的亲人和他的职业，找出共同点<br>2. 总结家族对自己职业选择的影响力表现在哪些方面<br>3. 看到影响并思考自己的职业，以及父母对自己职业期望背后的原因<br>4. 学生分享如何与父母沟通交流并进行演练 |

（续表）

| 水平层级 | 内容标准 | 活动举例 |
| --- | --- | --- |
|  | 了解个人在自我生涯发展中的关键性作用 | 活动名称：生涯彩虹<br>1. 教师讲解舒伯生涯彩虹，每个年龄段对应角色，让同学们画出自己的生涯彩虹并讨论大家异同，反思别人的彩虹图对你有哪些启发<br>2. 我的角色我做主：在众多角色中<br>我最先丢掉的角色是_____，因为_____<br>我再次丢掉的角色是_____，因为_____<br>丢掉角色后，我感觉_____<br>3. 同学分享并总结自己在生涯规划中的主导角色 |

## 2. 探索生涯规划

| 水平层级 | 内容标准 | 活动举例 |
| --- | --- | --- |
| 水平三（小学高年级） | 1. 了解家庭成员职业及在家庭中的分工 | 活动名称：我是家庭小主人<br>1. 请学生谈一谈各自家庭中每个成员每天在家庭中的分工<br>2. 交流分享自己认为居家生活中谁的贡献最大<br>3. 交流自己能为家庭做什么 |
|  | 2. 主动了解各种职业所需能力，初步形成生涯规划意识 | 活动名称：我是新时代建设者<br>1. 交流假期中参与的岗位实践活动<br>2. 展示在岗位实践中获得的新技能<br>3. 通过岗位体验，你认为自己最适合的职业是什么？为了符合这个岗位需求，自己需要做什么努力 |

（续表）

| 水平层级 | 内容标准 | 活动举例 |
| --- | --- | --- |
| 水平四（初中年级） | 1.对自己的内部和外部进行探索 | 活动名称：发现我的长板——智能探索<br>1.认识智能；了解8种智能<br>2.探索并绘制自我多元智能占比图<br>3.找到自己的长板，明确提升长板的方法并分享<br>4.勇于尝试，发挥优势<br>5.我的多元智能组合<br>邀请父母、老师、朋友，说明多元智能，请他们选出你最优秀的3种，结合自己的优势智能，成为自己的多元智能组合，并发挥优势 |
|  | 2.了解自己的职业兴趣取向，梳理早期职业发展目标 | 活动名称：多姿多彩的职业<br>1.介绍多种多样的职业形式<br>2.自己对哪类职业感兴趣，设计自己职业目标<br>3.中学毕业后的学业计划<br>4.作出自己可达成的学业规划书 |
| 水平五（高中年级） | 了解自己、家族和社会未来的职业发展形态 | 活动名称：我的家族职业树<br>1.了解家庭成员的职业构成<br>2.分析家族职业之间的相关性<br>3.感受家人职业选择的历程变化<br>4.使用树形图来设计自己家族的职业树<br>5.分享自己的职业设想 |

(续表)

| 水平层级 | 内容标准 | 活动举例 |
|---|---|---|
| 水平五（高中年级） | 更好地认识自我，接纳独特的自我 | 活动名称：我心中的自己<br>1. 小调查：你对自己满意吗<br>2. "我是谁"从6个不同角度至少写出"我是一个_____样的人"；"矛盾中的我"从不同角度写出"我是一个_____样的人，又是一个_____样的人"<br>3. 组内交流并分享，启示：尺有所短寸有所长<br>4. 请同学用一句话总结自己的感受<br>5. 教师总结：接纳自己、做自己的主人 |
| | 充分认识并整合自己的内外资源 | 活动名称：我的生涯资源<br>1. 用成功人士的成功案例引发同学思考<br>2. 我的资源大盘点：请同学为自己设计资源卡，写下自己的内外部资源，其他同学补充<br>3. 学生填写"生涯表"，分享交流<br>4. 教师总结：自己的内部资源是最重要的 |

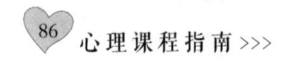

### 3. 实践生涯规划

| 水平层级 | 内容标准 | 活动举例 |
| --- | --- | --- |
| 水平三（小学高年级） | 1. 学习管理时间，掌握基本的学习策略 | 活动名称：我的时间馅饼<br>1. 请学生把24小时做的事情，画在时间馅饼里<br>2. 分享交流自己一天的安排<br>3. 自我分析时间安排是否合理，尝试进行调整 |
| | 2. 了解职业对个人的能力的相关要求，为将来的职业生涯规划做准备 | 活动名称：我的学习时间规划<br>1. 与时间亲密接触：通过静坐感受1分钟<br>2. 我的生物钟：绘制"时间馅饼"，并讲述自己一天的时间分配<br>3. 每日时间巧分配：通过讨论，以满足兴趣爱好以及日常学习生活为目的调整时间安排 |
| 水平四（初中年级） | 合理地规划自己的学业 | 活动名称：我的人生如彩虹<br>1. 了解生涯彩虹图<br>2. 设计自己一生的时间节点<br>3. 学习绘制自己的生涯彩虹图<br>4. 展示交流，分享自己对学习和生涯规划关系的认识 |

（续表）

| 水平层级 | 内容标准 | 活动举例 |
| --- | --- | --- |
| 水平五（高中年级） | 1. 整体分析评估自己的能力、性格、兴趣和拥有资源等 | 活动名称：自我认知生涯扫描<br>1. 请学生先说说自己的优点和不足，初探自我<br>2. 教师讲解加德纳的多元智能理论，结合性格分析、兴趣探索、能力评估和拥有资源，让学生进行自我认知体验活动<br>3. 学生分享感悟 |
| | 2. 充分了解自己的生涯价值观 | 活动名称：价值观大拍卖<br>1. 每人发放不同面值组成的100元的纸币（由卡片代替）<br>2. PPT上展示"健康""年薪百万"等起拍的价格，学生竞拍<br>3. 学生分享购买的理由和感受 |
| | 3. 探索影响生涯发展的阻力和动力及应对方式 | 活动名称：生涯分析<br>1. 生涯幻想：把自己想象成一个植物或动物等，将想到的情景画或表演出来并分享<br>2. 画一个生涯曲线，箭头指向你能想到的生涯终点，线的上面写上你的动力，下面写上你的阻力<br>3. 组内交流并分享，如何提升动力、应对阻力，教师总结强化。学生再次把自己想象成那个植物或动物，看看有没有变化 |

## 学习领域八　生活与社会适应

### 1. 正确认识社会适应

| 水平层级 | 内容标准 | 活动举例 |
| --- | --- | --- |
| 水平一（小学低年级） | 认识班级、学校、日常学习生活环境，遵守基本规则和要求 | 活动名称：大家都来认识我<br>1. 学生自我介绍，我叫××，来自……我喜欢……<br>2. 谈一谈对新集体的感受<br>3. 交流讨论如何融入新集体 |
| 水平二（小学中年级） | 建立正确的角色意识，适应不同社会角色 | 活动名称：我爱我家<br>1. 了解家庭成员做什么工作<br>2. 认识不同的社会角色<br>3. 说说自己在不同环境中的角色（如在学校，做一名_____的学生；在家里，做一个_____的孩子。） |
| 水平三（小学高年级） | 结合亲身经历，了解产生挫折感的原因 | 活动名称：挫折遭遇战<br>1. 在日常生活中，同学们会遇上这样那样的挫折，你是如何面对的<br>如考试成绩不理想时，与同学、朋友交往中发生矛盾时，父母闹矛盾时，身边的朋友遭到困难和不幸时等<br>2. 小组同学之间交流：结合自己亲身经历，了解产生挫折感的原因，当我们面对挫折时，如何更好得去面对<br>3. 大家互相借鉴面对挫折的好办法，积极面对学习或是生活中的挫折，提升克服挫折、抵御挫折的能力 |

（续表）

| 水平层级 | 内容标准 | 活动举例 |
| --- | --- | --- |
| 水平四（初中年级） | 了解在家庭与学校里经历的挫折情境，了解适应的常识 | 活动名称：给知心姐姐的一封信<br>1. 通过多媒体呈现一封学生来信，内容为自己生活与学习中经历了很多挫折<br>2. 激起学生共鸣后，请学生将类似的挫折感受写下来投入"挫折收集箱"中<br>3. 请同学们讨论：遇到挫折后你是怎么解决的？从而引出适应的相关常识 |
| 水平五（高中年级） | 1. 认识新环境、了解新角色，建立正确的自我认知 | 活动名称：图卡知我心<br>1. 教师课前准备好心灵图卡，每人抽取一张卡片，抽到相同颜色的同学成为一组<br>2. 仔细观察图卡，用几个关键词描述感受，并联想与之相关的事情<br>3. 组内依次分享每个人的图卡故事，将所有图卡连在一起，共同编成一个完整的故事<br>4. 各组分享所编制的故事<br>5. 请几位同学谈体验感受，教师总结<br>6. 师生共读"心灵寄语" |
| | 2. 积极适应成人社会的要求，初步具备承担社会责任的意识和能力 | 活动名称：18而志<br>1. 观看视频《疫情期间的青春力量》，思考你18岁时应有的模样<br>2. 回顾过去，记录最值得自己骄傲的事情<br>3. 先组内分享各自的事情，再请同学全班分享<br>4. 全体学生诵读成人宣言<br>5. 抒发自己18岁的青春感言 |

## 2.培养积极适应的态度

| 水平层级 | 内容标准 | 活动举例 |
| --- | --- | --- |
| 水平三（小学高年级） | 1.认识自己与社会、国家和世界的关系 | 活动名称：角色大舞台<br>1.小组分享：我们在社会中担任哪些角色<br>2.角色大舞台：每组选5种角色制作一个"角色帽"，由小组成员展示，以角色宣言和角色动作来呈现<br>3.集体分享：你喜欢/不喜欢哪种角色？为什么 |
| | 2.进行规则意识自我剖析，培养积极适应的态度 | 活动名称：啄木鸟在行动<br>1.我来当啄木鸟，调查家庭和学习生活中的违纪违规现象<br>2.提出约束违规行为的办法<br>3.规范自己的言行，养成积极适应的态度 |
| 水平四（初中年级） | 形成乐观的性格，并以积极的态度适应环境 | 活动名称：好心情银行<br>1.好心情说出来：击鼓传花，分享你最近开心的事<br>2.好心情记下来：列出最近两周的好心情事件，并为每件事赋分（0~10分）<br>3.好心情存起来：制作好心情银行账户，你现在积累了多少分？续存1个月好心情，集体分享 |

（续表）

| 水平层级 | 内容标准 | 活动举例 |
|---|---|---|
| 水平五（高中年级） | 1.建立适度的自我效能感，养成积极进取、不骄不躁的态度 | 活动：辩论赛——挫折是否有利于成长<br>1.将全班学生分为两组，请两组代表抽取观点位。一方观点是，挫折是好事，促进成长；一方观点是，挫折是坏事，不利于成才<br>2.两组学生根据抽取的观点进行准备，随后以双方轮换交替发言的形式，阐述观点<br>3.教师进行总结：辩证看待挫折，以积极的态度面对生活中的负面事件，养成积极进取、不骄不躁的态度 |
| | 2.了解自己的心理韧性水平，增强心理韧性 | 活动名称：我的小黑点<br>1.将人生比作一张纸，请学生以黑点的形式画出自己的挫折，大小、形状、位置自定<br>2.小组内交流自己经历过的挫折事件<br>3.挫折是生命的一部分并且自有它的意义，请学生继续作画，形成一幅美丽画卷<br>4.学生分享自己的作品并表达黑点在画中的意义<br>5.教师总结：积极面对挫折，让挫折成为成功的垫脚石 |

### 3.提高社会适应能力

| 水平层级 | 内容标准 | 活动举例 |
|---|---|---|
| 水平一（小学低年级） | 积极适应学校生活 | 活动名称：我的魔法<br>1.提供多个情境（人际、学习、家庭生活）<br>2.学生表演实际是怎么做的<br>3.教师用多种手段（贴星、口头表扬等）分等级强化学生的积极行为 |

（续表）

| 水平层级 | 内容标准 | 活动举例 |
| --- | --- | --- |
| 水平二<br>（小学中年级） | 初步学习积极应对挫折的方式 | 活动名称：我能应对挫折<br>1. 学生列举出最近遇到的挫折情境<br>2. 两两一组，谈谈如果是自己面对这样的情境，会如何应对<br>3. 演一演，初步建立承受和应对挫折的积极方式 |
| 水平三<br>（小学高年级） | 恰当选择适合自己的情绪宣泄方式 | 活动名称：我的情绪调节"灵丹"<br>1. 每位同学用广告语的形式描述自己的情绪宣泄"灵丹"<br>2. 教师以游戏方式抽取同学向全班介绍自己的情绪宣泄"灵丹"<br>3. 请描述精彩的同学现场演示自己的宣泄方式 |
| 水平四<br>（初中年级） | 逐步适应生活和社会的各种变化，提高应对失败和挫折的能力 | 活动名称：垒棋子<br>1. 每个组在规定的时间内垒棋子，看哪个组垒得最高<br>2. 中间如果棋子倒了，可以重新垒<br>3. 请垒得最高的组分享经验，垒得最慢的组谈感受<br>4. 刚才的游戏中，面对失败与挫折，你有什么感受<br>5. 教师提问：刚才的游戏中有失败，生活中也有失败与挫折，你如何面对，如何增强应对失败和挫折的能力？现在你有什么好方法吗？学生分享观点 |

(续表)

| 水平层级 | 内容标准 | 活动举例 |
| --- | --- | --- |
| 水平五（高中年级） | 回顾并分析成长过程中的重大事件，寻找积极力量，能够灵活应对各种变化 | 活动名称：我的生命线<br>1. 画出"我的生命线"，线的上方代表积极意义，下方代表消极意义，在过去、现在、未来重要的时间节点标注重要事件<br>2. 组内分享各自的生命线，并谈谈事件的意义和自己的感受，共同寻找支持和力量<br>3. 班内分享<br>4. 教师提问：如果重新进行一次游戏，你是否会调整生命线？学生分享观点<br>5. 教师总结 |
|  | 选择应对挫折的合理方式，进一步提高应对挫折的效能感 | 活动名称：四格心能量<br>1. 分享压力事件<br>2. A4纸两次对折，上下折出2cm空白，上方空白处写出最困扰的压力问题。围绕压力事件按照 I think（我可以怎么积极看待这个问题）、I am（我是一个怎样的人，有哪些优势）、I have（我拥有的外部资源与支持）、I can（相似的情况下，我之前如何成功面对的）的顺序依次填充四格。下方空白写自己可以做的最小改变<br>3. 学生分享<br>4. 教师总结：我们可以从积极思维、内部资源和外部资源三个方面来积极面对压力和挑战 |

# 第五部分　学生发展标准

学生发展标准是学生在完成本学科课程学习后的学业成就表现，分为学生发展标准内涵和学生发展标准水平。

## 一、学生发展标准内涵

学生发展标准内涵是以本学科核心素养为主要维度，结合课程内容，对学生学业成就表现的总体刻画。

依据不同核心素养学业成就表现的关键特征，学生发展标准内涵描述了各核心素养指标学习结果的具体表现。

### 学习领域一　自我意识

1. 修己：认识自我，实现自我和谐。

小学：了解自我，丰富对自己的认知；认识自己的优缺点和兴趣爱好，认识到自己是独一无二的。

初中：客观地评价自我，建立积极的自我概念，培养自我认同感。

高中：全面客观地评价与认识自我，形成客观、完整、积极的自我概念；转变认知观念，确立正确的自我意识，成长为自信的少年。

**2. 达人：悦纳自我与他人，实现人际和谐。**

小学：正确面对自己，接纳自己的特点，在各种活动中初步悦纳自我与他人，友善地对待他人，体验归属感，培养乐群性。

初中：悦纳自己的生理、心理变化，在各种活动中悦纳自我与他人，体验自我价值感与成就感，建立适度的自尊心和充分的自信心。

高中：悦纳生理自我、心理自我、社会自我，在各种活动中分享成功的自我体验，增强自信心，体验他人给予的认可与鼓励，成为乐群、友善的少年。

**3. 济天下：完善自我，实现社会和谐。**

小学：通过自我反思和对自我的期许，调整自己的行为；在各种活动中发挥自己的优势。

初中：在学业、人际交往和生活实践中获得成功的体验，养成积极的人生态度，初步规划自我成长路线。

高中：澄清自己的价值取向，审视、修正自己的世界观、人生观、价值观，达到自我完善，积极承担社会责任，贡献个人力量。

### 学习领域二　学习心理

**1. 修己：接纳并能坚持学习，掌握学习方法和策略。**

小学：喜欢上学，接纳并能坚持遵守课内外学习的基本规范。在体验中形成良好的学习习惯，掌握基本的学习方法。

初中：接纳并能坚持学习，达到知道学习、喜欢学习、乐于学习的三个境界；能制定自己的学习计划，会预习、复习，学会并使用常见的学习方法。

高中：具备学习的恒心与毅力，拥有自主学习能力，能够制定并践行学习目标，熟练运用学习策略和方法。

**2. 达人**：乐于分享自己成功的学习方法和策略。

小学：能接纳并尊重他人对自己学习的建议，能结合不同学科学习特点，和他人分享自己的学习方法和策略。

初中：能够总结提升自己擅长科目的学习方法，并乐于和他人分享。

高中：能用自己良好的学习品质去影响周边的人，主动将好的学习方法与策略分享给需要的人。

**3. 济天下**：将个性化的学习方法策略应用于社会生活情景。

小学：能掌握基本的学习方法和策略，初步应用于生活和学习情境中。

初中：能将自己的学习方法和学习策略应用于生活。

高中：能掌握并形成个性化的学习策略，服务自己的终身发展，为社会发展更好地贡献自己的力量。

## 学习领域三　人际交往

**1. 修己**：具有积极的人际交往品质，掌握交往技能。

小学：认识到交往的重要性，热情待人、礼貌友好，乐于与人交往、合作，掌握一些协调人际关系的技巧。

初中：充分发挥乐观、真诚、友善等品质优势，发展倾听、关注等交往技能。

高中：能拥有积极交往品质，能认识个体间的差异，具备解决人际冲突的能力。

**2. 达人：建立良好的人际关系，体验人际交往幸福感。**

小学：能树立集体意识，积极与他人交往，互相关心爱护，能体验到与人交往的乐趣。

初中：能建立良好的同伴关系，能积极与老师、父母沟通，有归属感、价值感和愉悦感。

高中：能觉察自己的人际关系状况，愿意并能付出积极的情感和行为，拥有良好的人际关系。

**3. 济天下：构建良好的人际生态环境，促进社会和谐。**

小学：能主动扩大人际交往的范围，能体验与人合作的快乐，拥有自己的朋友圈。

初中：能够感受到团体的凝聚力，愿意与他人团结协作，主动促进团体和谐，得到更多的社会支持。

高中：拥有和谐的人际关系，能为他人提供社会支持，并拥有自己的社会支持系统。

## 学习领域四　情绪调适

**1. 修己：接纳情绪，与情绪和谐相处。**

小学：能够准确识别基本的情绪，掌握觉察自己和他人的情绪的方法，能够分辨积极情绪和消极情绪。

初中：能够体验到情绪的复杂多样性，了解了青春期情绪的特点，能够认识到关注自我情绪健康的重要性，接纳自己的情绪。

高中：能够认识每种情绪的价值和意义，与情绪和谐相处。

**2. 达人：合理表达情绪，实现人际和谐。**

小学：能够运用语言、非语言的方式表达情绪，初步做到恰当、正确地表达情绪。

初中：能用恰当的方式表达情绪，能够理性看待积极情绪和消极情绪，能体会他人的感受和需要，实现和他人有效沟通。

高中：能够以策略性的方式表达情绪，并能将其应用到日常生活情境中。

**3. 济天下：培养积极情绪，与自然、社会和谐相处。**

小学：掌握缓解冲动情绪的方法，学会关注积极事物，形成积极态度，对未来充满希望和信心。

初中：能选用恰当的方法转化排解消极情绪，与身边的人、事、物和谐相处，感恩并珍惜自己所拥有的一切，有意识地培养积极情绪，助力全面发展。

高中：能认识到积极情绪的价值，以积极的情绪与他人友好相处，与自然和谐相处，实现社会、生态和谐。

## 学习领域五　性教育

**1. 修己：认识生长发育，学会自我保护。**

小学：了解人类的孕育过程，可以明确区分性别差异，了解并能正确对待青春期的生理、心理变化，保护自己、感恩父母、珍爱生命。

初中：掌握有关性生理、性心理等相关知识，并能做好自我调节和防护。

高中：悦纳自己的性别角色，拥有健康的生活方式，具备对爱情和婚姻的责任意识，科学地保护自己。

**2. 达人：树立平等的性别观念，尊重他人。**

小学：了解男女生性别差异，摒除性别刻板印象。

初中：尊重他人的特点，拥有性别平等观念，能与异性恰当交往。

高中：能将自我积极情绪体验传递给他人，能运用性防护的方法来帮助他人，能对自己和他人的情感负责。

**3. 济天下：将正确的性别观念、科学的方法应用于生活和社会实践中。**

小学：能预警并辨别性伤害行为，知道求助的途径和方法。

初中：珍爱自我，将科学预防知识、方法运用到生活中。

高中：具备较高的性道德水平，树立正确的恋爱观、婚姻观，提升责任意识。

## 学习领域六　生命教育

**1. 修己：唤醒生命意识，珍爱生命，形成积极的生命观。**

小学：能认识和感受生命，了解生命过程，认识并接纳自己的独特性，掌握基本的自我关爱的方法。

初中：能珍爱生命，积极面对挫折，发现挫折的积极意义，提高生命的韧性，初步探索生命的意义。

高中：能够深度思考、探索生命的目的与意义，增强自我价值感，提升自我认同，树立积极生命观，敬畏生命，活出生命的精彩。

**2. 达人：尊重生命，与人为善，激发自我与他人的生命力。**

小学：能够友好与他人相处，关爱帮助他人，尊重他人和自己的生命。

初中：能够尊重和理解他人，主动探索生命的不同维度，具备自我反思的能力，积极关注自己和他人的生命健康。

高中：能够尊重生命，以积极生命状态引领和感染他人。

**3. 济天下：感恩生命，回馈社会，实现人生价值。**

小学：能够尊重所有的生命形态，认识到自己与大自然的关系，以积极的生命态度、以力所能及的方式关爱社会。

初中：能够守护生命的健康，活出生命的精彩。具有社会责任感，认识到自己与社会、国家和世界的关系。

高中：具备责任意识、协作意识和社会正义感，提升生命境界，充实生命内涵。

## 学习领域七　生涯教育

**1. 修己：唤醒生涯意识，认识生涯规划意义。**

小学：能够发现自己的兴趣特长，愿意了解感兴趣职业的内容，初步具备生涯规划意识。

初中：能认识到生涯规划的重要性，学习上逐渐明确自己的定位，对优势学科和特长有明确认知，客观了解自己的不足，树立早期的生涯发展目标。

高中：能理解生涯规划在高中阶段的意义，统筹目标，管理时间，科学选择高考选考科目，能制定合理的学业生涯规划。

**2. 达人：乐于分享交流自己兴趣爱好，多角度探索生涯规划。**

小学：愿意与他人交流兴趣爱好，能自信地展示优点。能够分析家庭成员职业角色，能初步了解职业岗位所需技能。

初中：具备团体合作意识，能够初步探索生涯规划，愿意分享自己的生涯设计和阶段化设想。

高中：能形成自主思考和规划生涯的意识，尊重理解他人生涯价值观，学会多方位、多角度生涯决策。

**3. 济天下：积极探索各类职业的社会功能，将生涯规划与社会和国家发展相联系、相统一。**

小学：能发挥兴趣特长，为班级、学校、社区提供公益服务，培养奉献精神。

初中：初步了解社会发展趋势，积极探索各类职业，思考个人发展与社会、国家发展的关系。

高中：能主动探索大学专业和外部工作世界，结合社会发展趋势思考自我生涯倾向，使其和国家发展需求协调统一。

## 学习领域八　生活与社会适应

**1. 修己：拥有自信心和希望感，正直诚实，言行一致。**

小学：能遵守学生守则，在群体中敢于表达自己的观点；具有良好的学习与生活习惯。

初中：能以积极心态面对挫折；有理想，有目标，并能为实现目标而努力；有正义感和责任心，诚实可靠，信守承诺。

高中：具有良好的自我管理能力，拥有自信心和希望感；接纳生活中的快乐与不幸，并能积极调适自我。

**2. 达人：建立积极的情绪习惯，与他人和谐相处。**

小学：适应新环境，新集体，新生活；礼貌待人，与同伴友好相处，养成乐观的生活态度。

初中：初步具备正确应对挫折的能力，初步形成积极乐观的心理品质，能与他人建立和谐的关系。

高中：培养积极情绪，发展积极心理品质，形成积极的生活态度，能面对现实并以积极态度适应环境。

**3. 济天下：建立正确的角色意识，积极适应不同的社会角色。**

小学：知道不同的社会角色，能建立正确的角色意识。

初中：自觉养成亲社会行为，逐步认识自己与社会、国家和世界的关系。

高中：积极适应不同的社会角色，为将来融入社会做好充分准备。

## 二、学生发展标准水平

学生发展标准水平是以本学科表现水平为主要维度，结合课程内容，对学生学业成就表现的总体刻画。

依据不同水平学业成就表现的关键特征，学生发展标准水平划分为五个层级，并描述了不同层级学习结果的具体表现。

### 学习领域一　自我意识

#### 1. 认识自我

| 水平层级 | 学段目标 | 学生发展标准 |
| --- | --- | --- |
| 水平一（小学低年级） | 认识自己的外在特征，初步了解自我 | 能从性别、年龄、身体特征等方面认识自己 |
| 水平二（小学中年级） | 了解自我，认识自我 | 1. 能够认识自己的性别特点，能够感受不同性别带来的不同体验，理解性别认同<br>2. 能够通过老师、同伴和父母来认识自己 |
| 水平三（小学高年级） | 正确认识自己的优缺点和兴趣爱好，认识自己的内在品质，进一步认识自己 | 1. 能够认识自己的优缺点和兴趣爱好，说出自己与他人的不同<br>2. 能够感受被别人欣赏的快乐，学会尊重和欣赏他人的优点 |

（续表）

| 水平层级 | 学段目标 | 学生发展标准 |
|---|---|---|
| 水平四（初中年级） | 积极探索自我，客观认识自我 | 1.能够从自己的生理、心理变化，从体貌、学业、人际、情绪等方面，对自我有客观、完整的认识<br>2.能觉察自己在自我意识、独立意识、自尊感等心理方面的变化，能看到自我的价值 |
| 水平五（高中年级） | 确立正确的自我意识，形成积极的自我概念 | 1.能够形成对自我客观、完整的认识<br>2.能够转变思维方式，形成积极的自我概念 |

### 2.悦纳自我

| 水平层级 | 学段目标 | 学生发展标准 |
|---|---|---|
| 水平三（小学高年级） | 正确面对自己，接纳自己的特点，能在各种活动中初步悦纳自我 | 1.能够接纳自己的兴趣爱好、优缺点，正确面对自己<br>2.能够在各种活动中悦纳自己，接受自己的全部特点 |
| 水平四（初中年级） | 悦纳自己的发展变化，提升自尊，增强自信 | 1.能够悦纳自己的生理、心理变化<br>2.能够在成功体验基础上提升自尊、增强自信 |
| 水平五（高中年级） | 悦纳生理自我、心理自我、社会自我，建立积极的自我信念 | 1.能够悦纳自己的生理、心理、社会特点，能够发挥自己的优势<br>2.能够用积极的信念看待自己 |

### 3. 完善自我

| 水平层级 | 学段目标 | 学生发展标准 |
| --- | --- | --- |
| 水平三（小学高年级） | 从"我"与他人、"我"与事、"我"与己的关系中，反思和调整自己 | 1. 能够接纳他人的评价，发现自己的优势，改正自己的缺点<br>2. 能够明确自己的发展目标，反思和调整自己的言行 |
| 水平四（初中年级） | 培养积极的人生态度，初步树立远大的人生理想和信念 | 1. 能够发现自己的潜力，逐步形成自信与自尊，形成积极的人生态度<br>2. 在寻找自我意义感的同时树立远大人生理想 |
| 水平五（高中年级） | 澄清自己的价值取向，建立积极的世界观、人生观、价值观 | 1. 能够对生命的意义、人生的价值有自己的思考，澄清自己的价值观<br>2. 能够在正确的世界观、人生观、价值观的指引下做出正确的选择 |

## 学习领域二　学习心理

### 1. 激发学习动机

| 水平层级 | 学段目标 | 学生发展标准 |
| --- | --- | --- |
| 水平一（小学低年级） | 对学习有新鲜感，抱有浓厚的学习兴趣 | 1. 认识到学习在生活中的地位<br>2. 喜欢读故事书或其他书籍<br>3. 上课积极发言，主动回答问题 |
| 水平二（小学中年级） | 激发学习兴趣和探究精神，树立学习信心，乐于学习 | 1. 喜欢学习，愿意学习<br>2. 在学习的过程中能体验快乐 |

（续表）

| 水平层级 | 学段目标 | 学生发展标准 |
| --- | --- | --- |
| 水平三（小学高年级） | 关心学习结果，正确对待成绩，有较强的学习欲望，体验学习成功的乐趣 | 1. 有较强的学习动机<br>2. 能正确对待成绩，体验到学习成功的乐趣 |
| 水平四（初中年级） | 培养正确的学习观念 | 1. 接纳并能坚持学习<br>2. 逐步达到知道学习、喜欢学习、乐于学习的三个境界 |
| 水平五（高中年级） | 找到自身优势、确立合适的学习目标，能积极主动的学习 | 1. 能够树立合适的目标<br>2. 能够自觉主动地学习 |

### 2. 培养学习习惯和能力

| 水平层级 | 学段目标 | 学生发展标准 |
| --- | --- | --- |
| 水平一（小学低年级）、水平二（小学中年级） | 养成良好的学习习惯，初步具有一定的学习能力 | 1. 不迟到不早退，上课前做好准备<br>2. 按时完成作业，在家自觉自习<br>3. 上课能够专心听讲，不随便走动，不做小动作，能清晰提问，能清楚发言 |
| 水平三（小学高年级） | 基本掌握读写算等学习技能，掌握基本学习环节 | 1. 掌握读写算的正确步骤<br>2. 具备预习、听课、复习的能力，养成良好的作业习惯 |
| 水平四（初中年级） | 初步形成自己的学科思维习惯，初步具有个性化的学习能力 | 1. 掌握自主学习、计划学习、反馈学习的要领<br>2. 能够通过思维导图进行预习、复习、归纳整理学科知识 |

（续表）

| 水平层级 | 学段目标 | 学生发展标准 |
|---|---|---|
| 水平五（高中年级） | 培养创新精神和创新能力，开发学习潜能，具备良好的学习品质，拥有自主学习能力，能够积极应对考试 | 1. 具有创新精神和创新能力<br>2. 具备学习的持久力，会主动寻找资源进行学习<br>3. 具备考前调节情绪的能力 |

### 3. 掌握学习策略和方法

| 水平层级 | 学段目标 | 学生发展标准 |
|---|---|---|
| 水平二（小学中年级） | 了解并会运用一些基本的学习方法 | 1. 能够积极主动地学习新知识<br>2. 会听课，书写习惯良好 |
| 水平三（小学高年级） | 知道并学习使用一些基本的学习策略 | 1. 能够积极主动地更新知识，提高学习效率<br>2. 能够多思、善问、大胆质疑<br>3. 可以有计划、有目的地进行学习 |
| 水平四（初中年级） | 初步形成自己的学科思维，学会并使用常见的学习方法 | 1. 掌握思维导图和时间管理的几种方法<br>2. 能够把各学科的学习方法总结提升 |
| 水平五（高中年级） | 掌握有效的学习策略，能合理利用自己的学习资源，形成积极高效的个性化学习方法 | 1. 能够自主选择适合自己的学习策略<br>2. 主动发现自己身边的学习资源 |

## 学习领域三　人际交往

### 1. 了解人际关系现状

| 水平层级 | 学段目标 | 学生发展标准 |
| --- | --- | --- |
| 水平一<br>（小学低年级）、<br>水平二<br>（小学中年级） | 认识人际交往的重要性，树立主动与他人交往的意识 | 1. 乐于与人交往，能记住同学、老师的名字，见面主动打招呼<br>2. 能主动和新朋友一起玩耍、游戏<br>3. 能通过语言或肢体动作表达对他人的喜爱，愿意和朋友交流，表达自己的感情 |
| 水平三<br>（小学高年级） | 初步认识自己人际交往状况 | 1. 能主动进行人际交往，与新认识的朋友自如的交流，探寻共同的话题与兴趣<br>2. 认识到异性交往的必要性，能自然、大方地与异性交往 |
| 水平四<br>（初中年级） | 了解自己人际交往的特点，认识自己人际交往状况 | 1. 能描述出自己的人际朋友圈，对人际关系的亲疏远近有清晰的认识<br>2. 能评估自己与他人的关系 |
| 水平五<br>（高中年级） | 觉察自己与他人、团体的关系，客观、全面认识自己的人际关系状况 | 1. 能正确认识自己过去、现在的人际关系状态<br>2. 能清晰了解自己理想的人际关系状态 |

## 2.感受人际情感体验

| 水平层级 | 学段目标 | 学生发展标准 |
|---|---|---|
| 水平一（小学低年级） | 愿意与老师、同学交往，感受友情的美好 | 1.能积极参与各种活动<br>2.能在谦让、友善的交往中体验到友情的愉悦 |
| 水平二（小学中年级） | 树立集体意识，体验积极交往的乐趣 | 1.具备集体荣誉感，能感受到合作的快乐和成就感<br>2.能在活动中初步形成开朗、乐群的品质 |
| 水平三（小学高年级） | 积极参加集体活动，学会团队合作 | 1.能积极地参与合作，相互支持，完成团队任务<br>2.能在合作中充分发挥自己的优势，同时保持个性，尊重差异<br>3.学会欣赏与赞美，做个受欢迎的人 |
| 水平四（初中年级） | 积极与他人交往，体验人际交往中的积极情感，建立良好人际关系 | 1.能体验到交往中被接纳、被认可的感觉<br>2.能在和他人交往的过程中，体验到被关注、被爱的感觉 |
| 水平五（高中年级） | 促进人际间的积极情感体验 | 1.能够察觉、体验人际间的积极情感<br>2.能够对对方的付出有积极的情感回应 |

### 3. 掌握人际交往技能

| 水平层级 | 学段目标 | 学生发展标准 |
| --- | --- | --- |
| 水平一（小学低年级） | 形成礼貌友好的交往品质 | 1. 能运用礼貌的语言、动作与人交往<br>2. 能耐心倾听并接受别人的建议，不打断别人 |
| 水平二（小学中年级） | 培养开朗、合群、自立的健康人格，初步学会基本的交往技能与方法 | 1. 愿意与人交往，有初步的自立意识和行为表现<br>2. 能用微笑、认真倾听等基本的交往技能和方法与人交往 |
| 水平三（小学高年级） | 主动协调与他人关系，扩大交友范围 | 1. 能换位思考看待问题<br>2. 能理性面对交往中的矛盾冲突，寻求方法积极解决问题 |
| 水平四（初中年级） | 积极与老师及父母进行沟通，掌握人际交往相关技能，养成积极交往的心理品质 | 1. 愿意并能经常与老师及父母进行沟通<br>2. 掌握真诚赞美、坦诚致歉和恰当拒绝等交往技能<br>3. 养成宽容、友善等积极交往品质 |
| 水平五（高中年级） | 提高人际交往能力，塑造良好的人际交往行为 | 1. 能准确识别他人的情绪和期待，掌握不同情景下的说话方式，恰当表达自己的想法、感受<br>2. 能熟练运用换位思考的方式，处理自己的同伴、师生、亲子关系 |

## 学习领域四　情绪调适

### 1. 认识情绪

| 水平层级 | 学段目标 | 学生发展标准 |
| --- | --- | --- |
| 水平一<br>（小学低年级） | 认识和感受基本情绪，能够区分自己的情绪 | 1. 能够准确识别喜、怒、哀、惧等基本情绪<br>2. 能够通过识别自己的生理反应和行为动作来觉察自己的情绪 |
| 水平二<br>（小学中年级） | 感受解决学习困难的快乐，学会体验情绪 | 1. 能够通过个人努力或他人帮助解决学习中困难，并从中体验克服困难的快乐<br>2. 能够区分和体验自己的情绪状态 |
| 水平三<br>（小学高年级） | 能够识别厌学等负面情绪，能够觉察他人情绪 | 1. 当出现厌学等消极情绪时，能够理性对待<br>2. 能够通过倾听、观察、交流、感受等方式，识别他人的情绪 |
| 水平四<br>（初中年级） | 了解情绪的种类，初步了解情绪的产生、功能与价值 | 1. 能够体验到情绪的多样性和复杂性，了解青春期情绪的特点<br>2. 能够及时觉察自己的情绪，知道情绪有前因后果<br>3. 知道情绪会对人产生影响，随时关注自我情绪健康 |
| 水平五<br>（高中年级） | 了解情绪的产生、功能与价值 | 1. 能够认识到每种情绪的价值和意义<br>2. 能够与情绪和谐相处 |

## 2. 表达情绪

| 水平层级 | 学段目标 | 学生发展标准 |
| --- | --- | --- |
| 水平一（小学低年级） | 敢于表达自己的情绪 | 能够用言语和非言语的方式表达自己的情绪 |
| 水平二、三（小学中、高年级） | 学习情绪表达的方法，初步做到恰当、正确地表达情绪 | 1. 学会符合情绪表达规律的表达方式<br>2. 该哭的时候哭，该笑的时候笑 |
| 水平四（初中年级） | 了解情绪表达的原则，进行积极的情绪表达 | 1. 知道情绪表达的基本原则和方法<br>2. 能够享受积极情绪带来的愉悦，明白负面情绪也有积极意义，并能选用恰当的方式表达出来 |
| 水平五（高中年级） | 掌握情绪表达的原则，能够策略性地表达情绪 | 1. 能够掌握非暴力沟通的原则，并将其应用到日常生活情境中<br>2. 能够用建设性的方式表达情绪，与他人进行积极的社会互动，真诚地投入到与他人的关系中 |

## 3. 调节情绪

| 水平层级 | 学段目标 | 学生发展标准 |
| --- | --- | --- |
| 水平二（小学中年级） | 初步学习调节情绪的方法 | 能够通过绘画、听音乐、看书等陶冶性方式调节情绪，改变情绪 |

（续表）

| 水平层级 | 学段目标 | 学生发展标准 |
| --- | --- | --- |
| 水平三（小学高年级） | 初步调整复杂情绪，学习应对消极情绪 | 1.能够通过使用运动、画画、唱歌、跳舞、倾诉等陶冶性方式改变情绪，调节情绪<br>2.能够关注积极的事物，会用积极态度应对负面经历，保持良好心境 |
| 水平四（初中年级） | 促进积极情绪体验，培养积极情感 | 1.能够通过管理情绪的方法有效转化消极情绪，如能够运用情绪ABC理论进行积极自我对话，消除不合理信念<br>2.能够经常体验到喜悦、爱等积极情绪，形成满意、乐观等积极情感 |
| 水平五（高中年级） | 有效管理情绪，正确应对压力 | 1.能够意识到积极情绪的价值<br>2.能够掌握有效策略应对压力，调节考试焦虑 |

## 学习领域五　性教育

**1.认识生长发育，学会自我保护。**

| 水平层级 | 学段目标 | 学生发展标准 |
| --- | --- | --- |
| 水平一（小学低年级）、水平二（小学中年级） | 了解生命的起源，了解自己的身体，树立隐私意识和防范性侵害的意识 | 1.了解人类的孕育过程，树立珍爱生命、感恩父母的价值观<br>2.可以区分男生女生的体表特征，明确隐私部位，能做到自我保护<br>3.能预警并辨别性行为，会求助，在生活中树立防范性侵意识 |
| 水平三（小学高年级） | 了解青春期生理和心理的发展变化 | 1.明确青春期的生理、心理变化<br>2.正确对待心理变化，增强自我保护意识 |

（续表）

| 水平层级 | 学段目标 | 学生发展标准 |
| --- | --- | --- |
| 水平四<br>（初中<br>年级） | 积极应对青春期变化，学会自我保护 | 1. 掌握青春期保健的相关知识<br>2. 知道艾滋病的传播途径和预防方法<br>3. 学会自我保护，预防性骚扰和性侵害 |
| 水平五<br>（高中<br>年级） | 注重青春期生理与心理的自我保健，掌握应对性骚扰和性侵害的方法 | 1. 掌握"体像烦恼"的应对策略<br>2. 悦纳自己的性别角色<br>3. 坚持健康的生活方式<br>4. 掌握应对性骚扰和性侵害的方法，科学地保护自己，帮助他人 |

2. 建立正确的性别观念

| 水平层级 | 学段目标 | 学生发展标准 |
| --- | --- | --- |
| 水平二<br>（小学中<br>年级）、<br>水平三<br>（小学高年级） | 了解性别差异，树立社会性别平等意识 | 1. 能够悦纳自己的生理和心理性别<br>2. 能识别性别刻板印象，初步具备社会性别平等意识 |
| 水平四<br>（初中年级） | 尊重性别差异，接纳自己的性别气质 | 1. 能尊重他人性别特点<br>2. 悦纳自己的性别角色 |
| 水平五<br>（高中年级） | 破除性别气质的刻板化，促进性别平等 | 1. 能够认同自己的性别，塑造适合自己的性别魅力<br>2. 能够打破性别刻板印象，主动践行性别平等 |

### 3. 学会恰当的异性交往方式

| 水平层级 | 学段目标 | 学生发展标准 |
| --- | --- | --- |
| 水平三（小学高年级） | 学习异性交往的原则、方法与礼仪，建立和维持良好的异性同伴关系 | 1. 掌握与异性交往的原则、方法与礼仪<br>2. 形成良好的异性同伴关系 |
| 水平四（初中年级） | 学习对异性情感的表达与把握，正确把握与异性交往的尺度 | 1. 能在异性交往中相互尊重、互相学习<br>2. 掌握恰当的情感表达与沟通方式 |
| 水平五（高中年级） | 知道友谊和爱情的界限，学会处理学习和恋爱间的关系 | 1. 能了解并接纳异性间的异同，具有对爱情和婚姻的责任意识<br>2. 能够合理处理学习和恋爱的关系 |

## 学习领域六 生命教育

### 1. 认知与感受生命

| 水平层级 | 学段目标 | 学生发展标准 |
| --- | --- | --- |
| 水平一、二（小学低、中年级） | 初步认识自然界的生命现象，了解自己的身体及发育情况，了解生命的基本特征，认识生命来源 | 能够对生命的由来有初步的了解，树立正确的生命意识 |

（续表）

| 水平层级 | 学段目标 | 学生发展标准 |
| --- | --- | --- |
| 水平三（小学高年级） | 了解生命诞生的过程，理解生命成长的不易性 | 1.能够正确说出生命诞生的过程<br>2.能够学会面对老师、家长、同学的批评，积极面对学习和游戏活动中的失败 |
| 水平四（初中年级） | 理解生命的唯一性和不可逆性，感受生命的丰富多样，唤醒生命意识 | 1.能够对生命内涵有初步的认识和理解<br>2.能够对生命的意义和目的有初步的思考和阐述 |
| 水平五（高中年级） | 探索生命的本质，感悟生命的价值，树立科学的生命观 | 1.能够对生命内涵有充分的认识和深度的理解<br>2.能够对生命的意义和目的有积极且深刻的思考和阐述 |

2. 敬畏与珍爱生命

| 水平层级 | 学段目标 | 学生发展标准 |
| --- | --- | --- |
| 水平二（小学中年级） | 树立生命可贵的意识，懂得珍爱生命、珍惜时光的道理 | 1.懂得尊重爱护自己的生命，能够掌握保护自己的基本方法<br>2.能够具备较强的时间观念 |
| 水平三（小学高年级） | 学习保护生命的知识和技能，知道生命是独一无二的 | 能够坚强面对生活中的困难和变故，具备较强的心理承受能力 |

(续表)

| 水平层级 | 学段目标 | 学生发展标准 |
| --- | --- | --- |
| 水平四（初中年级） | 珍惜、尊重自己与他人的生命，体验生命的韧性与美好 | 1.能掌握生命安全与健康的知识技能，具备自我保护的能力<br>2.能够发现挫折的积极意义，挖掘自身的能量，并以积极心态应对生命的挫折 |
| 水平五（高中年级） | 学会珍惜生命和尊重生命，学会面对生命的无常 | 1.能够挖掘出苦难与困难背后的积极意义，并从过往的挫折事件中发现自身蕴藏的积极力量<br>2.能够透过挫折做出新的改变，实现新的成长，以更积极的心态迎接生命中的挑战 |

3.扩展与升华生命

| 水平层级 | 学段目标 | 学生发展标准 |
| --- | --- | --- |
| 水平二（小学中年级） | 培养兴趣爱好，感受生命的可爱，主动成长，感受助人为乐的幸福感、价值感 | 1.能够发现生命的美好，享受成长<br>2.能感受到助人的快乐和价值 |
| 水平三（小学高年级） | 学会关爱自己，自立自强，初步感受人与自然和谐相处的重要性 | 1.能够保持积极的心理和健康的情绪<br>2.形成积极、乐观、热爱生命的人生态度<br>3.促进社会性良好发展 |

（续表）

| 水平层级 | 学段目标 | 学生发展标准 |
| --- | --- | --- |
| 水平四（初中年级） | 激发生命活力，培养健全的人格，提升生命质量，感受生命的美好 | 1. 初步懂得死亡的意义<br>2. 能认识到生命的价值，主动拓展生命的张力<br>3. 实现个性化生命与群体、自然的和谐发展 |
| 水平五（高中年级） | 树立正确的人生观，形成积极乐观的人生态度，活出有价值的生命 | 1. 具备科学的死亡观<br>2. 能初步规划自己的生命方向，总结出充实生命内涵的方法<br>3. 能够拟定出具体的社会关怀计划，能够发挥人道精神，关爱每一个人 |

## 学习领域七 生涯教育

### 1. 唤醒生涯意识

| 水平层级 | 学段目标 | 学生发展标准 |
| --- | --- | --- |
| 水平三（小学高年级） | 初步培养生涯规划意识 | 能够发现自己的特质与能力，具备初步的生涯规划意识 |
| 水平四（初中年级） | 培养生涯规划意识，积极了解生涯发展观念，了解生涯规划的重要性 | 1. 知道生涯规划对个人发展的重要影响<br>2. 明晰学习与工作、休闲及家庭生活的关系 |

(续表)

| 水平层级 | 学段目标 | 学生发展标准 |
|---|---|---|
| 水平五（高中年级） | 培养职业道德，具备生涯发展观念，认识生涯规划在高中阶段的意义 | 1. 认识到生涯的重要意义，具备生涯规划的能力<br>2. 领悟到家族职业对自己的影响，并能辩证地看待影响，形成在日常生活中的探索意识<br>3. 领悟到个人在生涯规划中的作用，能够在日常学习生活中主动运用 |

2. 探索生涯规划

| 水平层级 | 学段目标 | 学生发展标准 |
|---|---|---|
| 水平三（小学高年级） | 初步探索工作世界，了解职业的意义及各种职业所需之能力 | 能够知道职业的种类，了解各种职业所需的能力 |
| 水平四（初中年级） | 探索个人在不同时期的内外变化，树立早期职业发展目标 | 1. 能对自己的职业性格、职业兴趣和职业能力等方面有清楚的了解和认识<br>2. 初步确立自己的职业发展方向 |
| 水平五（高中年级） | 全面多角度探索职业领域，并探索与自己匹配的职业，在探索中发现自己的独特性，获得成就感 | 1. 充分认识到自己的成绩定位和变化趋势，学会运用SWOT理论分析的方法<br>2. 体验并领悟自身的优势、劣势，正确看待机会和挑战，形成自我探索的意识<br>3. 认识到自己拥有哪些外部资源，并探索运用这些资源的方法 |

### 3. 实践生涯规划

| 水平层级 | 学段目标 | 学生发展标准 |
| --- | --- | --- |
| 水平三（小学高年级） | 具备初步的时间管理意识，了解职业对个人能力的相关要求，为将来的职业生涯规划做准备 | 1. 能够根据个人需要合理安排时间，并坚持执行<br>2. 将个人兴趣爱好同自己的优劣势相结合制定努力方向 |
| 水平四（初中年级） | 在自我认识的基础上，制定恰当的学业规划或职业规划 | 1. 能够科学管理自己学业，根据自己实情，做出学业规划书<br>2. 能够做出自己的升学规划书，并在日常生活学习中合理运用 |
| 水平五（高中年级） | 提升生涯规划能力，初步确定自己的生涯规划 | 1. 掌握多元智能理论在自我分析中的运用<br>2. 初步认识自己的职业价值观，确定自己的生涯规划 |

## 学习领域八　生活与社会适应

### 1. 正确认识社会适应

| 水平层级 | 学段目标 | 学生发展标准 |
| --- | --- | --- |
| 水平一（小学低年级） | 适应新环境、新集体和新的学习生活 | 1. 能够理解适应的相关常识<br>2. 能够适应新环境、新集体和新的学习生活 |
| 水平二（小学中年级） | 认识不同的社会角色，清楚自己的社会角色 | 1. 能够认识不同的社会角色<br>2. 能建立正确的角色意识，清楚自己的社会角色 |

（续表）

| 水平层级 | 学段目标 | 学生发展标准 |
| --- | --- | --- |
| 水平三（小学高年级） | 了解在家庭与学校里经历的挫折情境 | 1. 能够结合亲身经历，了解产生挫折感的原因<br>2. 积极面对学习和生活中遇到的挫折 |
| 水平四（初中年级） | 了解在家庭与学校里经历的挫折情境，了解适应的常识 | 1. 能够战胜学习中的困难，顺利地完成学业<br>2. 能够战胜生活中的困难和自身的弱点，成为具有健康人格的人 |
| 水平五（高中年级） | 完成角色转换，增强社会责任感 | 1. 能够站在自己和他人的双重立场上看问题<br>2. 自主安排和管理好自己的学习和生活<br>3. 具备社会责任感，能做对社会、他人有益的事情 |

## 2. 培养积极适应的态度

| 水平层级 | 学段目标 | 学生发展标准 |
| --- | --- | --- |
| 水平三（小学高年级） | 自觉养成亲社会行为，逐步认识自己与社会、国家和世界的关系 | 1. 具备规则意识<br>2. 能自我剖析，养成积极适应的态度 |
| 水平四（初中年级） | 认识积极情绪的力量，形成乐观的性格，并以积极的态度适应环境 | 1. 了解自己惯用的应对方式，树立积极应对压力的观念<br>2. 能主动调节自己的情绪和压力 |

（续表）

| 水平层级 | 学段目标 | 学生发展标准 |
| --- | --- | --- |
| 水平五（高中年级） | 以积极的态度面对生活和学习中的正面与负面事件 | 1. 能合理宣泄情绪<br>2. 能从不同的角度来认识问题，运用多种方法解决问题<br>3. 能认识到引起情绪困扰的非理性想法，并能用理性的信念代替非理性信念 |

### 3. 提高社会适应能力

| 水平层级 | 学段目标 | 学生发展标准 |
| --- | --- | --- |
| 水平一（小学低年级） | 积极、主动适应新环境，树立纪律意识、时间意识和规则意识 | 1. 能够迅速适应学校和班级的学习和生活<br>2. 能够形成较好的纪律意识、时间意识和规则意识 |
| 水平二（小学中年级） | 建立正确的角色意识，培养对不同角色的适应 | 能够积极适应不同的社会角色 |
| 水平三（小学高年级） | 初步掌握承受和应对挫折的积极方式，培养分析问题和解决问题的能力 | 能够针对不同情境，采取积极方式应对挫折 |

（续表）

| 水平层级 | 学段目标 | 学生发展标准 |
| --- | --- | --- |
| 水平四<br>（初中<br>年级） | 逐步适应生活和社会的各种变化，提高应对失败和挫折的能力 | 1.能以积极的态度面对挫折，坚强面对人生中的艰难困苦<br>2.能正确认识挫折，勇于挑战困难<br>3.在不利的条件下，能主动寻求同伴、老师、家人的帮助 |
| 水平五<br>（高中<br>年级） | 建立心理社会支持系统，自主自律地行动，积极应对新的挑战 | 1.把挫折当作促进自己成长的机遇和挑战<br>2.遇事能选择合理的处理方式<br>3.对生活充满希望感，能自我激励，乐观坚强 |

# 第六部分 实施建议

## 一、心理课程的教学原则

### 1. 坚持发展性和预防性相结合的原则

心理健康教育的总目标是为了提高全体学生的心理素质，促进学生身心和谐可持续发展，为他们健康成长和幸福生活奠定基础。心理课自然也要从属于这一目标并为之服务。心理课要从发展的积极意义出发，面向全体学生开设，以促进学生的全面发展为根本目的，同时开展预防性的知识普及和能力培养，预防预警学生出现心理问题，全面提升学生心理健康发展。

中小学生是不断发展中的个体，心理课要满足他们心理发展的需要，使学生在课程中不断认识自我，增强适应环境的能力，养成积极的心理品质，激发心理潜能，帮助学生不断自我完善和健康发展。同时，心理课也是预防学生出现心理问题的重要途径，要担负起预防性工作的重要职责。积极普及心理健康知识，帮助学生掌握一般心理问题的调适方法，增强学生心理问题应对的能力，预防学生发展过程中出现心理行为问题，

及早发现有心理问题的学生,做好长期的学校应急和突发事件的心理预防工作。贯彻这一原则应注意:

第一,课程开设面向全体学生,以促进学生全面发展为重。心理课应作为学校常规课程,针对不同年级统一开设,让心理课成为学校心理健康教育的重要场所,让全体学生受益。心理课需全面涉及心理健康各主题领域,根据不同年龄阶段学生发展特点,制定适宜学生的发展目标,尊重学生发展的个体差异性,力求促进学生全体全面发展。

第二,将预防灵活融入心理课。学生心理问题、心理危机不能在出现后才开始干预工作,应充分利用好心理课堂,将预防工作灵活融入课堂中,可以从知识、方法、技术多角度入手,既普及心理健康知识、培养心理能力,也关注学生在课堂上的表现,关注个体发展,提前预警,做好长期预防工作。

**2. 坚持预设性和生成性相结合的原则**

心理课重引导不重教导,重体验不重知识,从而学生的体验都极具主观色彩和个性差异,这肯定不仅仅是教师预设计划的结果,而是通过教师与学生互动,在预设情境下,联合创造才能实现。心理课中,学生能掌握到什么程度,也不是单由教师决定的,而是学生和教师、学生与学生通过课堂互动,随着活动的开展,学生经过体验和收获最终生成的。因此,坚持课堂的预设性和生成性,有助于心理课目标的实现、活动过程的顺利进行以及课程效果的有效达成。贯彻这一原则应注意:

第一,课程预设为课程生成提供基础,有效促进课程生成。

学校和教师要充分认识到心理课的学科特殊性，准备丰富多样的活动形式，为心理课提供更丰富、专业、适宜的环境资源，营造一种生成性氛围，促进课堂的生成，启发更深刻的体验和领悟。例如，挑选相对僻静的位置作为心理课活动室，配备专用的多媒体设备，把固定的桌椅换成方便移动分组的等。

第二，对教师提出了更高的要求。教师要具备较强的专业教学能力和心理辅导能力，能有效组织开展课程，能够充分预设因个体差异出现的各种课堂意外突发事件，对其自身的心理健康水平要求也更高，能有效识别他人情绪，更容易接纳他人，能以更积极的态度引导、推进课堂的生成。

**3. 坚持活动性和体验性相结合的原则**

心理课在组织形式上要以活动为中心，引导学生从认知、情感和行为等方面进行体验，进而实现学生自我探索的领悟内化。心理课的活动性与体验性相结合，是体现心理课程特点的关键，也是实现心理课价值的核心要求。

教师要善于将教学内容有机地渗透在各项生动有趣、符合学生发展需要和接受水平的活动中，运用心理学特别是团体心理辅导的相关理论和方法，比如暖身活动、建立团体的方法、团体转换的方法等，引导学生积极主动参与活动。而活动的最终目的在于让学生在活动中体验感悟，在实践中切实提高学生心理素质和心理健康水平。如果只有活动的形式，没有学生的体验感悟，那么很容易造成内容和效果脱节的状况，也难以达成教学效果。心理课的活动形式是学生心理体验产生的重要载体，如缺乏有效的活动形式，体验也难以产生和发展。贯彻这一原则应注意：

第一，活动本身要与课堂目标有直接关联，活动要与学生认知情感水平、兴趣水平相适应，在开展游戏活动时，做好各项准备工作，交代清楚活动要求，防止因为学生对活动规则的不清晰，造成活动过程的混乱，妨碍学生产生体验领悟。也要注意营造适合学生进行体验的活动氛围，为学生提供安全、接纳的课堂环境。

第二，活动设计具备心理学科特点。教师应做好专业成长和个人成长，不断提高专业能力，适时融入适合的心理学专业技术，例如放松技术、心理咨询技术、艺术治疗、心理剧、心理技术教育等，创设丰富专业的活动形式和内容，增强活动中学生体验性，使学生在活动中获得认知体验、情感体验和行为体验，进而促进学生心理素质提升。

**4. 坚持过程性和实效性原则**

由于学生的心理体验发展具有相当的主观性，因此，心理课的评价没有统一的模式和标准，也无法像传统学科一样用纸笔测试进行。而在评价心理课的时候，要坚持过程与实效并重的评价观念，不仅仅要重视教学活动过程本身，还要重视教学效果的达成，关注心理课的实效性。

心理课评价的重点在于关注教师的课堂组织和专业表现，关注学生在活动过程中的态度和表现，关注活动过程的价值和意义，关注活动过程对学生发展的影响。心理课评价机制重视过程性，尊重学生在活动过程中的主观感受，接纳同一活动中学生的反应、态度和体验的差异，避免重结果轻过程的误区。而心理课的实效性评价则围绕教学目标的达成度、教学内容是否符合学生经验水平、活动过程的参与度以及是否促进了学生认知、情感和行为多方面的发展等角度，开展多种形式评价。贯彻这一原则应注意：

第一，从评价内容上，心理课的过程性评价可从活动策略、活动过程、教师素质等方面开展，而实效性评价则可从目标设定、活动内容、活动形式、活动效果等方面开展。综合分析学生参与度、学生的感受体验、课堂互动、课堂氛围等，进行教学效果评价。

第二，在评价形式上，以学生自我评价为主，学生集体互评和教师评价为辅。可采用问卷调查法、观察法、谈话法、作品分析法、活动资料分析法、教师自我反思法等。

## 二、心理课程的教学方法

心理课也与其他课程有着共同的教学方法，如讲授法、讨论法、演示法等。但心理课又有别于其他学科，它重在活动，重在学生参与和体验，这就决定了心理课还有一些特殊的教学方法。常用的教学方法有：

### 1. 讲授法

所谓讲授法，指教师根据学生的具体的身心发展特点，贴近学生生活实际，讲授一些心理知识，以促进学生掌握具体的心理知识和技能，从而提高其心理健康水平。

讲授法是较常见的教学方法，任何心理活动之前都需要运用讲授法来明晰活动规则、形式等。活动结束后，教师根据学生的感受分享进行归纳、升华，便于学生提炼出具体的方法，从而提高心理水平或技能。另外，心理理论、心理知识的普及也会用到此方法。比如通过对情绪 ABC 理论的讲授，让学生深刻理解情绪反应是由对事件的解释来决定的，从而做出积极理性的情绪反应。

这一方法对学生的认知水平、专注力、思维水平有一定的要求，更适合中学阶段。

**2. 游戏活动**

游戏活动法是指以游戏为媒介，学生通过深入参加游戏活动，投射自己的内心世界，体验反思自己的行为，分享自己的经历与感悟，从而达到建设性的心理辅导效果。

游戏活动不仅能使学生和教师达到心灵的沟通，更能激发学生参与的动机和兴趣。因此，游戏活动带给学生欢乐的同时，也是智力、情感、社会性发展的一种途径。美国学者 B.D. 戴伊认为，游戏对儿童情感的满足和稳定具有重要的价值。游戏对心理保健是必要的，是克制情绪紧张的一种手段。游戏活动是心理课上最常用的方法，中小学各学段都适合，设计游戏时需要注意游戏规则一定要简单、明确、清楚，不能模棱两可或有歧义。

### 3. 角色扮演

角色扮演是指导学生根据内容情境扮演生活中各种角色，重演部分场景，重现某件事的来龙去脉和人物的内心活动，让扮演者和观众从中获得反思、感悟和成长。

角色扮演有助于将生活中典型主题生动形象地呈现出来，一方面可以使学生认识事件的前因后果及相互间的关系，更能真切感受到他人的情感，从而来理解他人，换位思考，提高共情能力，也能表达自己的情绪；另一方面可以在情境中增进提升学生自我认知能力，改善自我不合理观念，更好地适应环境和与人交往。角色扮演关键是创设具有代表性的情境和角色，能够反映不同阶段学生的心理特点和内心需要。角色扮演可以起到"观察学习"的效果，学生也可以通过观察他人行为和行为后果来获得学习。

角色扮演法分为集体角色扮演和个别角色扮演，常用的是集体角色扮演，即教师选择不同的学生扮演不同的人物，重现一个或多个事件，较全面地呈现学生遇到的问题或困惑。

角色扮演包括多种形式，如心理情景剧、独白（只有一个演员扮演，重在刻画角色的内心感受；或者空椅子技术）。运用过程中可以灵活地进行角色互换，给学生提供设身处地感受他人处境的机会，培养学生移情能力，促进其社会技能的发展。

### 4. 讨论法

讨论法是指课堂上教师引导和组织学生就某一问题发表自己的看法和意见，学生彼此交流并分享各自不同的观点和看法，从中获得心理上的成长。讨论法能够使学生充分参与到课堂中，积极表达自己的真实想法，并与他人进行观点碰撞、互相启发，进一步明确问题、澄清认识，因此，在心理课上运用得极为普遍。有效的讨论要求学生具有一定的认知、分析、归纳能力，根据学生的心理和思维特点，讨论法较适合高年级的学生。

讨论法主要分为小组讨论和班内讨论。小组讨论是教师将学生进行分组，就一定的问题发表看法。组员可畅所欲言，相互交流形成小组意见，最后选小组代表总结发言。班内讨论是在全班范围内，围绕一个问题或话题，学生各抒己见，教师根据学生的回答进行反馈，引导学生从不同的角度、不同的层面进行思考与探讨。整个过程中，教师需要营造安全的氛围，尊重和接纳所有学生，鼓励学生充分参与，并保证讨论切合主题。

**5. 辩论法**

辩论法是教师引导学生就某一个具有争论性的问题进行分组讨论，彼此用一定的理由来说明自己对事物或问题的见解，从而获得成长。

辩论法适合高年级的学生，这一方法目的不在于获得确切的结论，而是培养学生对问题更深入的认识和思考。特别对于小学生而言，随着思维由具体形象思维向抽象逻辑性思维过渡，他们逐渐喜欢思辨问题，给学生提供辩论机会，有利于促进其思维能力发展，有助于引导学生形成正确人生观、价值观。辩论过程中教师需要强调双方彼此尊重，不可言语伤害对方。

### 6. 艺术教育法

艺术教育法是指向学生呈现微视频、电影、音乐、诗歌、书法、美术作品等，让其在欣赏时获得心理上的共鸣，进而获得成长。目前微视频是广泛应用于课堂教学中的一种方式，通过图像和声音的完美结合给人以生动、形象、真实的感觉，弥补课堂理论灌输教学形式的单一，深受学生喜欢。

艺术教育法适合中小学生各个学段，最大的特点是润物无声，学生在潜移默化的过程中，学会放松心情、调整情绪，学会战胜挫折、获得能量。教师需要注意在选取不同作品时要根据学生的理解力，合适的作品教育效果会更好。

### 7. 心理绘画法

心理绘画法是一种以图像方式表达自己内心的真实想法及对外界事物认知的方法。心理绘画也是一种心理投射测验，能够反映学生内在潜意识层面的信息。绘画所传递的信息量远比语言丰富，可以把无形的东西有形化，把抽象的内容具象化。学生在绘画的过程，释放自己积攒的负能量，调整情绪和心态，修复心灵的创伤，获得满足感、成就感和自信心。心理绘画法适合各个年龄段的中小学生，在心理课堂上应用较广。

## 三、心理课程的评价标准

心理课的评价是开放式的，多维度的。在评价形式上既有学生的自我评价和集体互评，也有教师的自我评价和互评。在评价内容上既要以过程性评价为主，又要兼顾目标达成评价和教学效果评价。在评价方法上则可以采用问卷调查法、观察法、谈话法、作品分析法、活动资料分析法、社会群体关系测量法等多种方法。

为了便于平时老师们上课之后进行自评和教研活动时相互评价，我们研制了济南市中小学心理课堂教学评价体系，分为目标与内容、过程与效果、教师素质三个一级指标和活动目标、活动主题、活动内容、教学方式、教学过程、教学效果、基本理念、专业技术和教学基本功九个二级指标。

| 一级指标 | 二级指标 | 三级指标 | 分值 | 得分 |
| --- | --- | --- | --- | --- |
| 目标与内容 | 活动目标 | 明确、具体，具有可行性，符合学生心理发展需求 | 10 | |
| | 活动主题 | 主题明确，题目表述清晰合理 | 10 | |
| | 活动内容 | 科学无误，层次清晰，源自学生实际需求，适合学生的心理发展特点，重点突出，容量适中 | 10 | |
| 过程与效果 | 教学方式 | 契合学生的身心发展水平，灵活多样 | 10 | |
| | 教学过程 | 课堂公约明晰，氛围安全，学生参与度高，能真实地表达自己的观点和感受 | 10 | |
| | | 每个环节过渡自然，活动过程重视学生体验和感悟分享 | 10 | |
| | 教学效果 | 引导学生将所学拓展到生活情境之中，教学目标达成度较高，实效性强，学生喜欢 | 10 | |

（续表）

| 一级指标 | 二级指标 | 三级指标 | 分值 | 得分 |
|---|---|---|---|---|
| 教师素质 | 基本理念 | 课堂能很好地体现心理课的尊重、平等、积极等理念 | 10 | |
| | 专业技术 | 能创造安全、温馨的课堂氛围，自如运用倾听、共情、支持等心理辅导技术 | 10 | |
| | 教学基本功 | 语言流畅，表达清晰，普通话标准，亲和力强，板书美观 | 10 | |
| 总体评价 | 优势：<br>1.<br>2.<br>3.<br>建议：<br>1.<br>2.<br>3. | | | |

# 活动设计举例

# 自我意识领域活动设计举例

## 我的优点闪闪亮

山东师范大学第二附属中学　曾亚南

### 一、设计背景

根据《济南市中小学心理课程标准》(实验稿)相关要求,中年级自我认识主题的目标描述情况如下:"1. 了解自己身体的生长情况,进一步理解性别认同。2. 通过父母、老师和同伴对自己的态度、情感反应,丰富对自己的认知。"

基于此要求,以"丰富对自己的认知"为目标,对三年级学生进行自我意识主题的心理健康教育。

对三年级学生进行课前随机访谈,访谈问题及结果如下:

1. 父母经常在言谈中提到你的优点吗?

学生回答缺点居多。学生反映父母"总是拿别人的优点跟我比"。

2. 在父母眼中你是怎样的?你对自己的评价是怎样的?(如果用100分为满分来评价)

学生回答的各种分数都有。

3. 你觉得自己有优点吗,是什么?

有的同学会列举一些,有的摇摇头说没有,或者会害羞地笑而不答。

基于访谈结果设计本课，期望通过心理活动，丰富学生对自我的认识，并使学生带着欣赏自我的态度，挖掘自身的更多优点。

## 二、活动目标

1. 初步了解自己的个性特点，能准确表达自己的优点。

2. 发现被"忽视"的优点，丰富对自己的认知，挖掘自己的潜在优点。

3. 因拥有优点而自豪，初步建立自信心。

## 三、活动重难点

1. 重点：丰富对自己的认识。

2. 难点：发现自身被"忽视"的优点。

## 四、活动对象

小学三年级学生

## 五、活动准备

教师：PPT、优点卡、盒子、镜子

学生：分组、中性笔

## 六、活动过程

（一）团体准备阶段

1. 小游戏：我我我

教师用PPT展示词语，符合描述的同学做出回应，引出课堂约定。

2 看看Ta是谁

教师展示魔法盒，请同学看一看里面是谁。引出课题的前半部分"我的优点"。

3.前测

同学们，你觉得自己有优点吗？我们来做一个小调查。

第一种情况，我的优点有很多。

第二种情况，我有优点，但是说不出来。

第三种情况，我不知道自己有没有优点。

请同学们用身体语言展示自己的选择。

【设计意图】用游戏调动课堂气氛，用课堂约定创建安全有序的心理氛围，用小调查了解学生现有心理发展状态。

(二)团体转换阶段

1.我的优点是什么

(1)绘本故事：我的优点是什么

内容：小爱情绪低落，觉得自己没有优点，朵朵说她的优点是手暖和。小爱不停帮人暖手，手变冰冷了，很伤心，认为自己唯一的优点也没有了。最后，朵朵发现小爱的优点是能为他人着想（体谅别人）。

(2)师生对话：

问题1：为什么小爱认为自己没有优点？

预设：她认为自己个子矮，声音小，不如别人，成绩不是100分。

在小爱心中，她觉得自己不如别人，她认为成绩好是优点，跑得快是优点。

问题2：优点只有这些吗？你觉得优点还有什么？

(3)学生讨论并分享：

"我认为优点有＿＿＿＿＿＿＿＿。"

师生总结：优点可以从很多方面（品德、学习、体育、艺术、劳动等）来寻找。

教师渗透德育元素，引导学生理解"五育"。

过渡：结合这些方面，你认为自己的优点有哪些？

【设计意图】绘本故事用微视频的形式展现，迅速与学生建立关系并共情，理解学生的现有状态，抱持学生的内心焦虑。通过师生对话和讨论分享，使学生认识到优点可以有很多方面，丰富他们对自己的认识。

（三）团体工作阶段

1. 我的优点我知道

（1）学生在卡片书写自己的优点。

（2）小组分享自己的优点。

（3）学生分享自己当下的感受。

2. Ta的优点我帮忙

（1）全班同学互相帮助，找出彼此的优点。

提示：找到任一小伙伴，说出对方的优点。

"亲爱的小伙伴，我欣赏你，因为____，这就是你的优点。"

（教师随机找学生，示范表情、动作、语气，创建安全尊重的氛围。）

（2）教师倾听，指导学生帮助"可能被遗忘的人"。

【设计意图】学生用自主探究和小组合作的方式，了解自身的优点、真诚发现别人的优点。在活动中，注意安全尊重氛围的创建，使学生从不想说不敢说优点，到更加了解自己。

## （四）团体结束阶段

1. 魔法舞台

渲染气氛，鼓励学生走上魔法舞台，指导学生学会欣赏自己，欣赏他人。

（教师随机选择一位学生，与学生即兴合作完成示范，创建真诚礼貌的氛围）

2. 后测：小伙伴们，现在你觉得自己有优点吗？

第一种情况：我的优点有很多。

第二种情况：我有优点，但是说不出来。

第三种情况：我不知道自己有没有优点。

请同学们用身体语言展示自己的选择。

**【设计意图】** 用心理剧替身技术，指导学生在讲台上表达心声，指导台下学生给予欣赏和鼓励，指导每位学生做自己人生的魔法师。让学生因拥有更多优点而自豪，初步建立自信心。

完善课题："我的优点闪闪亮"（完善板书）

结束语：每个人都是一座宝藏。

**附：板书设计**

五角星板书：德、智、体、美、劳，中心"我的优点闪闪亮"

# 学习心理领域活动设计举例

## 当爱好"撞上"学习

济南市匡山小学　王　玥

### 一、设计背景

本课基于《济南市中小学心理课程标准》(实验稿):激发学习动机这个通用目标下的"有好奇心、求知欲、兴趣和爱好,能积极主动的学习"以及"认可自己的兴趣"这一内容标准,围绕学生的学习生活设计产生的。

兴趣爱好对一个人的全面发展起着重要的作用。它可以促进个性发展,丰富知识,提高本领,发展智力,还可以陶冶情操,锻炼毅力,使人们更加热爱生活。兴趣爱好是生活的调节剂,也是学习的助力器。

随着小学生知识面的拓展和心理上的变化,到了高年级,学生在兴趣爱好的培养和文化课的学习方面常常会产生一些困惑。本节课选择的三个小困惑,均来自于五年级学生的真实感受。通过问卷调查,发现有的同学因为怕耽误学习而放弃爱好,有的同学因为专注于兴趣爱好而耽误了学习。因此,如何平衡学习与爱好之间的关系,在学生力所能及的范围内,怎样做到兼顾爱好又不耽误学习是本节课讨论的重点。

## 二、活动目标

1. 认可自己的兴趣爱好，懂得平衡学习和爱好的重要性。

2. 初步学会处理爱好与学习之间的冲突矛盾。

## 三、活动对象

五年级学生

## 四、活动准备

课件、记录卡片

## 五、活动过程

（一）团体热身阶段：话说"爱好"

1. 游戏说"爱好"

（1）教师引导：同学们，老师想了解一下，大家在业余时间喜欢做什么？

（2）教师引导：同学们的兴趣爱好真广泛。你们喜欢做游戏吗？听清游戏规则，我说："谁和我一样，喜欢听音乐。"喜欢音乐的同学马上站起来说："我和你一样，喜欢听音乐。"

（2）请几位同学像老师这样来引领游戏。

2. 话说"爱好"

（1）教师引导：同学们的生活真是丰富多彩，刚才我们说到的都是兴趣爱好，那么什么是爱好？为什么要有爱好？

（2）教师总结：爱好就是做我们感兴趣的事情，老师找到了许多爱好带给我们的好处，它不仅可以愉悦身心，增长知识，开阔视野，还能够让人更专注，成为学习的动力！

（二）团体转换阶段：爱好"撞上"学习

1. 教师引导：当爱好"撞上"学习，也可能会生出冲突矛盾，产生一些小烦恼！

2. 出示调查结果：老师在课前做了个小调查，发现在我们同学中有三类小烦恼占比最高，分别是父母对爱好不支持的占58%，因为难度增加等原因坚持不下去的占51%，担心爱好影响了学习的占41%。

3. 记录自己的小烦恼：你们有过学习与爱好发生冲突的烦恼吗？想一想，拿出小卡片，记录下来吧。

（三）团体工作阶段：烦恼"导航仪"

教师引导：同学们，让我们搭上"心灵碰碰车"去帮他们解决烦恼。

**烦恼一：读书影响学习**

我的爱好是读书，我常常读起书来就忘记时间，上学期期末检测我的成绩不太好，老师和妈妈都说我因为阅读太多影响了学习。我很苦恼，不是说阅读会帮助学习吗？

1. 教师引导：这位同学的烦恼从哪里来？我们来分析分析吧。

2. 分组讨论。

3. 教师点评：合理安排学习和阅读的时间，阅读才能真正地助力学习。

4. 视频导航：播放视频《爱好学习两不误》。

教师总结：作为一名学生，主要任务还是学习。如果因为一味地培养爱好耽误了学业，这是十分可惜的。要想让爱好助力学习，就需要合理规划学习和爱好的时间。

### 烦恼二：妈妈不同意我加入校队

我喜欢打篮球，我的梦想是成为职业篮球队员。体育老师说我打得不错，让我加入校篮球队。跟队训练比赛，我特别开心。可是妈妈怕训练影响我的学习，不支持我加入篮球队。我不知道该怎么办？

1. 设身处地打开"导航"。教师提问：

你们觉得他的烦恼来自于哪里？

如果这样的事情发生在你们家，你觉得妈妈不同意的理由是什么？

你们会怎么说服妈妈呢？

2. 教师点评：当爱好与学习发生冲突的时候，父母不是不支持我们，而是担心占用时间，耽误学习，但只要我们能做到真诚与父母沟通，用实际行动消除父母的顾虑，那么，许多问题也就不成问题。

### 烦恼三：我想放弃练书法

我很喜欢书法，练书法讲究"熟能生巧"，以前我每天都会练习半小时。进入五年级，课程难度增加，我感觉每天晚上练字成了一种负担，我有点坚持不下去了。

1. 教师提问：这个同学遇到了什么小烦恼？你们劝他放弃还是坚持？

2. 说说心里话：在培养爱好或者学习的过程中，你有没有也感到过坚持不住或者累的时候？你是坚持还是放弃了？（放弃）放弃了有没有后悔过？（坚持）你是怎么坚持下来的？

3. 游戏导航：1分钟金鸡独立。规则：单脚站立，双手保持平衡，谁坚持站立的时间达标，谁就挑战成功。

4. 方法导航：恭喜大家挑战成功。刚才我看到有的同学摇晃得厉害，当听到老师说坚持就是胜利的时候，马上又有了劲头。你是怎么坚持下来的？用的什么方法？

教师总结：生活中我们也会有感到累的时候，轻言放弃有可能前功尽弃，咬牙坚持才能离成功更进一步。老师给大家找了几个坚持的小妙招，一起朗读。

  如果想要坚持做好一件事，要有清晰的目标。
  多感受完成目标后的感觉。
  鼓励自己。
  注意劳逸结合。
  充满希望。

5. 视频导航：播放视频《学业冰球两不误》。让我们走近一群练冰球的小队员，看看他们是如何坚持的。

6. 教师点评：爱好的培养就像播种一粒种子，它源于喜欢，但培养的过程少不了辛苦付出。不过我们只要坚持下去，爱好的种子就一定能够生根发芽，促进学习，助力成长。

（四）团体结束阶段：谈收获，见行动

1. 教师引导：同学们，让我们再次拿出你的卡片，通过这节课的学习，你有解决爱好与学习冲突的方法了吗？快写在上面吧。

2. 你的方法是？请贴在黑板上。

3. **教师总结**：同学们，爱好"撞上"学习并不可怕，解决冲突有许多方法，相信只要用对方法，爱好就能成为学习的动力，而我们的学习生活也会因为有了爱好变得更加美好。

**附：板书**

当爱好"撞上"学习

花瓣图：中心"助力学习"，四周花瓣分别为"合理安排""提高效率""坚持不懈""及时沟通"

# 我是语言魔法师

济南稼轩学校 何 婷

## 一、主题背景

1. 指导思想

《中小学心理健康教育指导纲要（2012年修订）》指出，初中年级主要包括：积极与老师及父母进行沟通，建立良好的人际关系。《济南市中小学心理课程标准》（实验稿）做出了更加明确的指导和要求，在目标上提出要"积极与他人交往，体验人际交往中的积极情感。掌握人际交往相关技能，提高人际交往能力，养成积极交往的心理品质"。在内容上提出"积极与老师沟通，拥有融洽的师生关系。积极与父母沟通，拥有融洽的亲子关系"。

2. 理论背景

列夫·谢米奥诺维奇·维果茨基（Lev Semenovich Vygotsky）在《语言与思维》一书中说，语言是思维的记录，语言是思维的外壳，语言背后是一个人的思维方式。美国斯坦福大学教授莱拉·博格迪特斯基（Lera Boroditsky）在 TED 演讲中分享说，语言塑造思维，我们使用的语言影响着我们对世界的感知。我们思考的方式影响了所说的语言，但语言又会反作用于思维。语言是有生命的，是我们可以打磨和改变以满足我们需求的东西。过去十年里，一系列实验表明，语言的确是塑造认知的重要原因之一。多项研究显示，如果改变人们说话的方式，他们思考的方式也会随之改变。

3. 学情研究

人际交往问题是初中生活中的重要问题。初中二年级学生正处于青春期，是自我意识发展的高峰期，但是由于生理和心理发展的不平衡，初中生容易产生人际交往困惑。在人际交往过程中，语言是人际沟通的重要工具，初中生在人际交往过程中容易因为他人的评价而受到影响，自己也会有意无意地使用消极语言与人沟通，影响自身身心健康和人际关系。

对于初中生来说，鼓励、肯定、赞赏、温暖等积极语言，可以为自己、他人带来愉快的情绪，增强自尊心和自信心，提升幸福感；而批评、否定、指责、攻击等消极语言会让他们陷入消极的情绪，对自己形成消极的认知，影响人际关系。培养积极语言模式，多说积极语言，少说消极语言，可以帮助他们更好地塑造自我，成就和谐的人际关系。

基于上述分析，我设计了《我是语言魔法师》一课。

二、活动目标

1. 认识到语言是人类重要的沟通工具，语言是有生命的。
2. 体验到消极语言的负面影响和积极语言对人心理的正向影响。
3. 有意识地使用积极语言进行交流。

### 三、重点难点

1.重点：体验到消极语言的负面影响和积极语言对人心理的正向影响。

2.难点：有意识地使用积极语言进行交流。

### 四、适用年级

八年级

### 五、活动准备

调查问卷、制作课件、语言魔法卡、语言能量瓶（粉色与蓝色各一个）

### 六、活动方法

活动体验法、小组讨论法

### 七、活动过程

（一）团体热身阶段：我来猜一猜

1.PPT展示：心理健康月期间，我们收到了一位学生的创意海报，其中有这样一幅图片很有意思。请你猜一猜，是什么让对方对彼此产生了不同的情绪与态度？

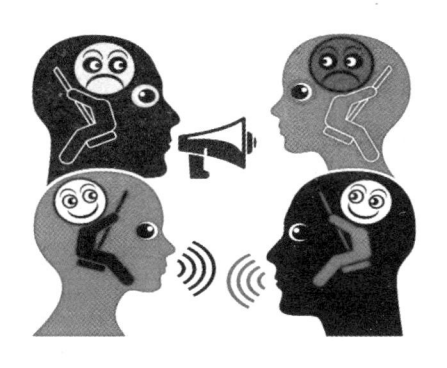

2. 师生交流分享。

3. 总结：语言是思维的符号，也是人类沟通的重要工具，语言是有生命的，有些语言像一扇窗，让我们彼此走得更近；有些语言也可能像一堵墙，将我们阻隔得更远。

【设计意图】通过"我来猜一猜"活动，引导学生认识到语言是人类沟通的重要工具，语言是有生命的，不同的语言会引起对方不同的情绪与态度。

（二）团体转换阶段：语言去哪了

1. 我们每天都在使用语言进行交流，一个人每天大概说多少个字呢？学生猜测发言。

2. 洪兰教授在TED演讲中曾提到，男生每天大约说7000字，女生大约是2万字，这7000或者2万字组成了无数的句子，那么，这些话都去哪了呢？

学生猜测发言。

3. 总结过渡：如果有可能收集起来其中的一些语言，这样的语言世界会给我们怎样的感受呢？让我们一起走进语言的世界，领略语言的魔力吧！

【设计意图】通过"语言去哪了"猜猜看活动，引导学生进行思考和分享，激发学生进一步探索语言的兴趣。

（三）团体工作阶段：

### 活动1：语言能量瓶

1. 蓄杯理论：人的内心好像天生自带一个杯子，成长的过程中，有些遇见能为我们增加能量，有些遇见却会消耗我们的能量。当我们接收到不同的语言的时候，我们一起来看看会给我们内心带来什么样的能量变化。

2. PPT展示：教师自我披露给自己影响很大、让自己印象深刻的话，启发学生思考。

3. 播放轻柔音乐，用指导语引导学生进行回忆，并将自己回忆到的对自己影响很大、印象深刻的话写下来。

现在，请同学们闭上眼睛，用1~2分钟的时间，静静地回想，慢慢地打开记忆的闸门，在你的成长历程中，你是否遇到过让自己印象深刻、对自己影响深远的几句话？当时是怎样的场景？当听到这句话的时候，你是怎样的内心感受？带着这份感受，当时的你是怎样回应的？这些话可能让自己总是在不经意间想起，其中有些话每次回忆起来都感觉很温暖，有些话却让我们不那么舒服。那些话，那些感受，此刻出现在自己的脑海中越来越清晰。

4. 师生分享交流回忆起的那些话，分析每句话带给自己的感受是增加能量还是减少能量，并将纸条投放进能量瓶。

5. 师生总结两个能量瓶中的语言各自特点。

总结：语言是有能量的。俗话说，"良言一句三冬暖，恶语伤人六月寒"。鼓励、肯定、赞赏、温暖等积极语言，指向目标、指向希望、指向未来，可以为自己、他人带来愉快的情绪，增强自尊心和自信心，提升幸福感，能为我们的成长增加能量；反之，批评、否定、指责、攻击等消极语言则会让我们陷入消极的情绪，产生消极的心态，对自己形成消极的认知，影响我们的人际关系，为成长带来负能量。

【设计意图】通过"语言能量瓶"活动，引导学生体会消极语言带来的负面影响和积极语言对人心理的正向影响。积极语言能为我们的成长赋能，消极语言则会为成长带来负能量。

### 活动二：语言变变变

1. 引导：积极语言与消极语言带给我们的感受如此不同，给了我们怎样的启示？

师生交流。

总结：在表达时用积极语言代替消极语言，多说、常说积极语言，少说、不说消极语言，也许你会发现，很多事情会因此悄悄发生改变！和同学们一起，体会积极语言的魔力吧！

2. 在语言能量瓶（耗能）中，小组中抽出语言纸条，群策群力，想办法把消极语言变为积极语言。

学生活动：

当……时，我希望（别人）对我说……

当……时，我曾说……现在我可以说……

邀请学生写下来，记录到自己的语言魔法卡中，如果自己的卡片是送给班里同学的，可以现在就送给他/她。也可以根据自己的情况选择合适的时机，把自己的卡片送到主人手中。

例1：当我努力了但是考试结果不理想时，我希望我的父母对我说："我们看到你努力了，成绩不理想是暂时的，我们和你一起找方法，相信你能进步。"

例2：当我和好朋友因误会闹矛盾时，我曾对他说："真讨厌，不想理你！"我现在可以说："你生气是因为在乎我们的友谊，我希望我们能交流一下，解除误会。"

3.师生交流分享。

总结：作为"接收者"，当接收到消极语言时，我们可以尝试用合理的方式表达我们的感受与期待。也许有人会说，有些时候我们无法左右别人怎么说，但是用一个怎样的视角去看待和接收这些语言，却是我们可以自己选择的。如果用积极的思维视角，看到消极语言背后的积极期待，我们也可以从中汲取到成长的力量。而作为"表达者"，好好说话是最低成本的善良，也是积极生活的开始。希望大家要有意识地选择积极的语言进行交流。

【设计意图】通过"语言变变变"活动，引导学生采用头脑风暴法，根据情境提示，从自己的角色出发，尝试将消极语言转变为积极语言。

（四）团体结束阶段：探看我"心"瓶

1.邀请学生打开语言能量瓶，看看其真实的模样，并谈谈自己有什么"心"发现。

2.交流分享并升华本课主题：每个人的内心中都有一个能量瓶，将怎样的语言能量装入其中，选择权在每个人的手中，每个人都可以成为语言魔法师。

3.总结：心理学研究显示，语言是思维的外壳，如果人们改变说话的方式，思考的方式也会随之改变。如果我们持续使用积极的语言，在不经意间，我们就已经行动起来，并且逐渐把说过的积极向上的话变成现实。期待同学们带着本节课的收获，不断收集积极语言装进我们的能量瓶中，我们一起为成长赋能！

【设计意图】通过探看我"心"瓶的活动升华本节课主题：人人可以成为语言魔法师。并鼓励学生在生活中运用积极语言说话，提示学生注意收集日常生活中的积极语言，实现和谐的人际关系，为自身成长赋能。

附：板书设计

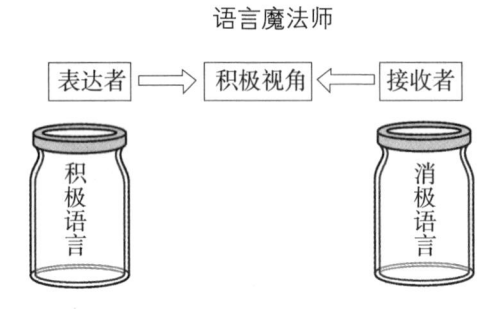

语言魔法师

表达者 ⟶ 积极视角 ⟸ 接收者

积极语言　　　　　消极语言

# 情绪调适领域活动设计举例

## 与愤怒和平相处

济南锦苑学校　张丽霞

### 一、活动背景

七年级学生正处于青春期,这一时期学生的情绪特点是比较敏感但不稳定、比较强烈但相对脆弱、变化迅速但不持久、容易冲动缺乏理智控制。而愤怒就是初中生经常面临的一种相对极端的情绪,当愤怒来临时,很多学生不知如何面对,有的同学甚至用错误的方式去发泄,大打出手,导致出现不良后果。所以在这一阶段,帮助学生充分认识和觉察愤怒情绪、学会恰当表达愤怒情绪,并学会几个调节愤怒情绪的小妙招非常重要和必要。

### 二、活动目标

通过活动,帮助学生懂得如何与愤怒情绪共处,当愤怒来临时,首先能够觉察它,能够在"愤怒12秒"内控制自己的行为,过后能够恰当表达和调节愤怒情绪。

### 三、重点难点

能运用"愤怒12秒"在愤怒情绪来临时及时控制自己的行为;

能恰当表达和调节愤怒情绪;

懂得如何与愤怒情绪共处。

**四、适用年级**

七年级

**五、活动方法**

讲授法、小组讨论法、活动体验法

**六、活动准备**

彩笔油画棒、A4纸、制作贺卡的卡纸、情景剧AB剧

**七、活动过程**

（一）团体暖身阶段：视频导入

师：同学们玩过愤怒的小鸟游戏吗？谁来描述一下这是一个什么样的游戏？

生：描述游戏。

师：很多人都玩过这个游戏，这个游戏背后还有一段故事呢，下面我们来看一段视频，同学们在看的过程中注意观察一个问题：鸟蛋是如何被肥猪乘虚而入偷走的？

观看"愤怒的小鸟"前情故事视频。

生：因为小鸟在不停地报复蚊子，忘了看护鸟蛋。

师：小鸟们由于在过度发泄对蚊子的愤怒，忽视了鸟蛋的看护工作，结果导致肥猪乘虚而入偷走了鸟蛋；而接下来为了报复偷走鸟蛋的肥猪，小鸟们又一次集体爆发了，它们甚至不惜以自己的身体作为炮弹去攻击"敌人"。

师：生活中，你有过愤怒的时刻吗？你是如何处理愤怒情绪的呢？这节课我们一起来探讨如何与愤怒和平相处。

**【设计意图】**在团体热身阶段，采用视频导入，既活跃了课堂，使学生进入情境中，又激发了学生深入探究的兴趣，引出对"愤怒"这种情绪的关注。

（二）团体转换阶段：认识和觉察愤怒

师："愤怒这种情绪我们并不陌生，有时候我们就是那只"愤怒的小鸟"，有时候我们会成为别人愤怒的对象，那么愤怒的人是什么样子的呢？下面请大家拿起你手中的画笔，画一画吧。

生：学生活动，用画笔描绘愤怒，认识和觉察愤怒。

画完之后首先同位之间相互讲一讲，然后请愿意对全班讲的同学上台用PPT展示并讲一讲他的画（这个过程主要引导学生认识和觉察愤怒情绪。）

师："皱着眉，噘着嘴，张大鼻孔"，这是世界通用的"愤怒脸"，有的同学还加上了肢体动作，如"怒发冲冠、龇牙咧嘴、张牙舞爪"，当你发现自己皱眉噘嘴身体紧张心跳加快时，你可能是出现了愤怒情绪！

**【设计意图】**在团体转换阶段，以绘画的方式，引导学生用画笔描绘他所认识的愤怒，从而认识和觉察愤怒这种情绪，为下一步学习调节愤怒情绪做准备。

（三）团体工作阶段：恰当表达和调节愤怒

师：愤怒是一种紧张而不愉快的感受，当我们的愿望不能实现或者行为受挫时就会出现，它是一种正常的情绪反应，当它出现时，我们要学会觉察和认识它。生活中，你感受过愤怒吗？你是如何表达愤怒的呢？下面和你同位相互倾诉一下吧，

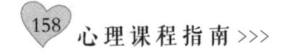

你也可以静静地回想。

生：学生活动，与同位相互倾诉自己的愤怒经历，宣泄和整理自己的愤怒情绪。

师：这里有位同学也想借这个机会向大家倾诉一下，我们一起来看看他们的表演吧。

（情景剧A表演）

师：看了他们的表演，问大家几个问题：剧中的组长是如何表达愤怒情绪的？

生：一开始压抑情绪，最后开始爆发，摔东西、发狠、骂人等，而且还可能有其他过激行为。

师：这种情况下，如果明天小明还是逃避值日，组长会怎么做？

生：有可能和小明打起来。

师：他以后可能会怎么对待班主任老师？

生：消极对待，爱答不理，甚至逆反抗拒。

师：如果你是组长，你会怎么做？

学生自由表达自己的想法，说说自己将会用什么方式来处理这件事情。

师：我们知道，生气、愤怒是一种正常的情绪反应，压抑愤怒情绪和过度发泄都是有害的。所以当愤怒情绪出现时，我们首先要觉察自己的情绪，然后恰当表达，还要学会几个调节愤怒的小妙招。

师：那么，在生活中你是如何处理愤怒情绪的呢？下面大家在小组内结合自己的愤怒经历说一说你有什么好方法。

生：学生活动，小组内讨论，说说自己曾经用过或者知道的调节愤怒情绪的小妙招。

每个小组轮流在班内发言，分享自己小组的方法，老师与同学互动，用归纳式板书法。

师：大家真是智慧无穷啊，看，我们找到了这么多好方法。凤凰视频也专门制作了一期《科学应对，管理愤怒》的节目，看看我们还能从中学到几招？

观看凤凰视频《科学应对，管理愤怒》节目。

师：节目中说了哪些方法？（学生回答，PPT演示）

师：学会了这些方法之后，我们一起来看看，组长又是如何做的。

（情景剧B表演）

师：这回组长是如何处理愤怒情绪的？

生：一开始向小明表达自己很生气，后来当班主任老师找他时，他告诫自己要冷静、深呼吸，然后理智地与班主任沟通，最后问题得以解决。

师：看来愤怒情绪并不可怕，只要我们能够及时觉察它、恰当控制它，再学会几个调节情绪的小妙招，我们就可以与它和平相处。

【设计意图】通过情境AB剧表演，首先引导学生去感受和对比不同的应对策略产生的不同结果，进而思考面对愤怒情绪时的优化策略，从而达到能够及时觉察愤怒、恰当表达愤怒、

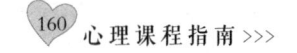

积极调节愤怒的目标，最终能够与愤怒和平相处。

（四）团体提升阶段：结束活动

师：通过这节课的讨论学习，每个人都会有不同的收获，把你的收获和心情用画笔表达出来吧，画什么都可以，也可以写几句祝福的话。

生：学生活动，描绘心情书写收获。

师：最后，把它送给你身边的同学吧，也可以送给自己，祝愿我们在生活中能够与愤怒和平相处，做一只自由飞翔的小鸟。

**【设计意图】** 在团体结束阶段，引导学生把自己的收获和心情用画笔表达出来，引发学生主动总结收获，并带着愉悦的心情结束课堂。

## 八、板书设计

与愤怒和平相处

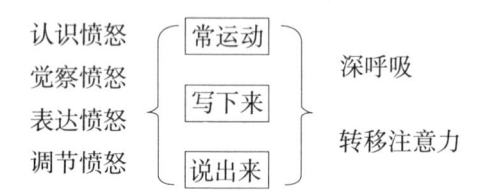

认识愤怒　　常运动
觉察愤怒　{ 写下来 }　深呼吸
表达愤怒　　说出来　　转移注意力
调节愤怒

## 九、活动反思

这节课主要带领学生学会觉察和认识愤怒情绪，然后一起探讨如何恰当表达和调节愤怒情绪。

在活动过程中，首先通过视频导入，引发兴趣导入主题。在团体转换环节，通过描绘情绪的活动，带领学生去觉察和体会愤怒的人是什么样子的，认识到当人愤怒的时候有哪些表现，帮助同学们更好地去觉察和认识愤怒情绪。在本活动中，学生画得都很形象，瞪眼竖眉冒火等，有的同学还画出了肢体动作，握紧拳头、跺脚等；还有的同学画出了情节，比如在山顶上大喊等。通过本次活动，学生对愤怒情绪有了进一步的认识和了解。

在团体工作环节能够引导学生进入角色，深入体验，引发思考。通过情景剧的表演和观看，带领学生去思考当我们面对愤怒情境时，应该如何恰当地表达和调节自己的愤怒情绪，既不压抑情绪，也不会过度表达甚至引发不良后果。其间还通过让学生相互说一说自己的愤怒经历和应对，使学生能够亲身体验到自己表达和控制愤怒情绪的方式，班内分享总结，以便同学们借鉴。通过本次活动，学生看到了不同的表达和处理方式带来的不同的影响，同时也通过相互倾诉自己的愤怒经历和处理方式，带给自己更多的思考。

最后，本课结束时，带领学生通过画笔抒发自己本课的收获和此刻的心情。学生拿着自己做的卡片，看着自己的描绘和书写的收获和祝福，心里会有一种成就感，同时对自己的情绪也是一次梳理，使学生带着收获满满的成就感和轻松畅快的心情离开课堂。

不足之处也不少，首先导入环节中的游戏话题，学生兴趣很高，但是会不会引发学生们对"电子游戏"这个敏感话题的额外讨论，也很考验老师的课堂掌控力。其次在环节内容上，可以选用更多灵活多样的形式来呈现。

# 性教育领域活动设计举例

## 当爱情来敲门 活动设计

济南市泉城中学 孔 芳

### 一、主题背景

1. 政策依据

《中小学心理健康教育指导纲要（2012修订）》中指出，初中生心理健康教育主要内容为积极与老师及父母进行沟通，把握与异性交往的尺度，建立良好的人际关系。

2. 理论依据

美国心理学家赫洛克把人从性意识萌发到爱情产生的全过程分为四个阶段，而初三学生正处于这一理论的第三个阶段，即积极接近异性的狂热时期。他们非常愿意接近异性，同时又对如何与异性交往充满困惑。既有研究表明，青春期学生对异性的向往，多数并不是对爱情的渴望，而是求得心理接近和情绪接近，即友情的成分更多一些。但是在面对异性同学的友谊时，会有一部分学生将之与朦胧的爱情混淆，也可能处理不当，将友谊轻率地发展为爱情，影响了正常的生活和学习。也有相当一部分初中生受到不良影响，认为谈恋爱是一件很有面子的事情。多种不正确的恋爱观，使得部分学生陷入困扰。本课主要引导学生形成正确的爱情观，准确把握爱情的真正内涵，探讨爱情到底是什么，思考当下阶段爱情来临时我要如何做。

3. 学情分析

这一阶段的学生正处于青春期，荷尔蒙的上升及认知水平的改变让他们处于一个爱情萌芽的阶段。对他人的依恋、关注让学生产生爱恋他人的感觉。但是因为自身生理的不成熟，很多情况下思想和行为会产生偏差。所以需要教师帮助引导，使学生理性平和地度过此阶段。

二、活动目标

1. 了解斯滕伯格的爱情三因素理论，把握爱情的真正内涵。
2. 识别成熟的爱情，在爱情来临时能理性面对。
3. 引导学生掌握异性朋友正确交往的原则和方法。
4. 理解吃"青苹果"的后果及感受，端正部分畸形的爱情观，把握积极理性的爱情观。

三、重点难点

重点：分析现有的爱情观并分析其是否成熟。

难点：了解成熟的爱情应该具备怎样的特征。

四、适用年级

初中三年级

五、活动方法

多媒体教学法、情境教学法、小组合作教学法。

六、活动准备

"亲密"卡片、"激情卡片"、"承诺"卡片、纸箱、三个未成熟的青苹果、三幅油画。

**七、活动过程**

**（一）环节一：亲爱的，那不是爱情（5分钟）**

【活动过程】

1.师生共同观看《亲爱的，那不是爱情》音乐短片，思考这首歌表达了什么意思？

2.学生回答问题，教师讲解。

师：太美的承诺因为太年轻，亲爱的，那不是爱情——那可能不是成熟的爱情。

【设计意图】通过一首流行歌曲《亲爱的，那不是爱情》导入主题，激发学生兴趣，引起学生共鸣，继而引发学生思考。

【注意事项】教师引导学生正确理解这首歌曲的内涵。

**（二）环节二：什么是真正的爱情（20分钟）**

【活动过程】

1.小组讨论：什么是真正的爱情？

讨论要求：

（1）5分钟的讨论时间，老师提示开始后再开始讨论。

（2）小组内选出记录员记录讨论结果，并在讨论结束后分享。

（3）老师提示讨论结束后保持安静。

2.学生分享，教师总结补充：

（1）为了逃避孤独、寂寞而抓住的爱情不是真正的爱情。

（2）为了向别人炫耀，以增加自己自信心而抓住的爱情不是真正的爱情。

（3）为了顺同大家而抓住的爱情不是真正的爱情。

（4）被逼无奈的爱情不是真正的爱情。

（5）搞恶作剧捉弄别人的不是真正的爱情。

3. 教师讲解爱情三因素论

心理学家斯滕伯格提出，认为人类的爱情是由亲密（由于内心世界的分享，拥有相同的世界观、价值观而产生的心灵交融）、激情（男女两性之间的吸引是一种本性）以及承诺（愿意为对方付出、承担责任）三因素组成的三角形。亲密、激情和承诺的组合，可以派生出不同类型的爱，唯有三个因素合一的爱，才是人们追求的完美爱情的理想境界，是真善美和知情欲兼具的情感。

4. 我们现在的爱情是不是真爱？

【设计意图】通过小组讨论分享激发出学生对爱情的认识，通过爱情三因素理论使学生认识到真正的爱情所具有的特征，两种思维碰撞进而矫正学生现有的爱情观。

【注意事项】教师要注意把控课堂节奏，要确保学生真正理解爱情三因素理论内涵。

（三）环节三：什么样的人值得爱？（5分钟）

【活动过程】

（1）每个学生把自己理想的爱人的特点写在纸上，匿名放进秘密纸箱。

（2）征得学生同意，教师可以随机抽取纸条当全班同学的面读。

（3）学生思考：你身边的他/她，是不是那个理想的异性？如果现阶段没有遇到这样的异性，怎么办？

教师：等待明天，即使明天遇到了他/她，一个如此优秀的人一定不会缺乏追求者，怎样让自己在其中脱颖而出呢？要想明天拥有爱情，就要现在努力！

【设计意图】使学生明确自己爱的人的特点，不要盲目追求爱情，也不要"痴心妄想"，如果想要与自己爱的人在一起，现在就要努力，成为更优秀的自己。

【注意事项】教师注意保护学生隐私，秉持保密性原则。教师注意适时引导学生明白现在如果没有自己爱的人，那就要着眼于当下，努力变得优秀！

（四）环节四：爱情来了怎么办？（10分钟）

【活动过程】

1. 教师提问：如果现在有理想的异性出现，怎么办？

2. 教师分享故事：

一对男女学生因为恋爱，高考均未考好。男孩进了军校，女孩落榜进了高考复习班。有一天女孩接到男孩打来的电话，只有两个小时的时间在车站等她。女孩去了，却遇到塞车无法按时达到，但女孩还是想去车站，等她终于到达的时候，时间早已经过了，而男孩依然在等她。两个人都很感动。那个男孩终因未按时随队出发被开除了，女孩不顾父母反对，和他走到一起。但是，当两个人真正在一起生活后，矛盾出现了，不断加剧，最后不得不分开了。

教师提问：男孩和女孩为什么最后以悲剧收场？

学生回答：因为两人没有足够了解彼此。

师：换句话说，是不是两个人在一起的时候尚未有稳定的人格？

3. 教师拿出几个青苹果让学生品尝，询问学生味道。

学生回答：酸，涩不好吃。

师：现在大家有什么想法？

生：过早地摘下未成熟苹果，味道并不可口，还会倒牙。（教师适当引导）

师：同学们的想法很准确，其实除了要等待"苹果成熟"以外，还需另一条原则。

4. 老师让同学欣赏一幅油画，远看美，近看乱。

师：此时，同学们是否心中有答案了呢？

生：保持距离。

教师总结：保持理性，不要摘下未成熟的果实。与欣赏的人保持距离，距离产生美。保持正常交往，成全自己和他人的优秀。这就是现阶段爱的方式。

【设计意图】通过一则故事分享，引起学生思考，为什么故事成了让人心酸的悲剧？通过让学生品尝青苹果和欣赏油画意识到现阶段遇到爱情应该要成全自己和他人的优秀，正常交往。

【注意事项】教师要平稳过渡，使学生在体验中有所感触，有所认同。

## （五）环节五：总结收获（5分钟）

【活动过程】

（1）学生分享本节课收获

（2）教师总结升华

【设计意图】通过分享收获，掌握学生吸收知识多少，教师适时总结升华。

【注意事项】对学生的回答不予批判，帮助学生形成理性平和的心态对待爱情。

## 八、板书设计

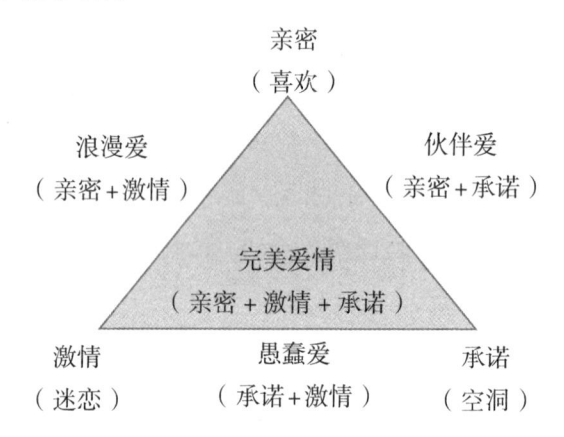

```
                    亲密
                   （喜欢）

      浪漫爱                    伙伴爱
   （亲密+激情）               （亲密+承诺）

               完美爱情
            （亲密+激情+承诺）

    激情         愚蠢爱          承诺
   （迷恋）   （承诺+激情）      （空洞）
```

## 九、活动反思

1. 注重创设情境，让学生对现实案例有所思考。

2. 重视活动体验，要帮助学生通过品尝"青苹果"而意识到尚未成熟的爱情其内涵及结局，教师引导过渡要得当。

3. 教师的解读要保证学生真正掌握了爱情的内涵。

# 生命教育领域活动设计举例

## 生命之书

济南市章丘区第一中学　刘倩倩

### 一、理论依据

生命教育是心理健康教育的主要内容之一。高中阶段的生命教育内容是帮助学生进一步提高承受失败和应对挫折的能力，形成良好的意志品质。

——《中小学心理健康教育指导纲要（2012年修订）》

生命教育领域高中学段目标是探索生命的本质，感悟生命的价值，树立科学的生命观；学会珍惜生命和尊重生命，学会面对生命的无常；树立正确的人生观，形成积极乐观的人生态度，活出全方位有价值的生命。

——《济南市中小学心理课程标准》

### 二、学情分析

进入高中之后，学生的学习环境发生变化，学习压力增加，日常学习生活被严格管控，这让学生很容易失去自主感；家长本身处在焦虑的社会环境中，如果缺乏科学的教育方式，会不自觉地将焦虑传递给孩子；目前仍然用单一的评价方式来考量学生，分数仍然是老师、家长和学生最看重的方面，并且几乎是评价一名学生优劣的唯一标准，这让很多学生失去胜任感，影响学生的自我认知；很多高中生抗挫折能力比较差，平时缺乏体育锻炼，回到家接触最多的就是虚拟的网络世界，因此缺乏现实感，当问题或烦恼出现的时候，他们会不知所措。这些原因使得部分学生出现抑郁、焦虑等情绪，个别学生甚至出现自杀倾向。

中国科学院心理研究所发布的《中国国民心理健康发展报告》指出 2020 年中国青少年的抑郁检出率为 24.6%，重度抑郁为 7.4%，同时抑郁检出率随着年级升高而升高，小学阶段抑郁检出率为一成左右，高中阶段抑郁检出率接近四成，其中重度抑郁检出率为 10.9% ～ 12.5%。这一数字提醒我们生命教育的迫切性，通过心理课提升学生的心理韧性和抗挫折能力，关怀学生生命、助力学生生命成长十分有必要。

### 三、活动目标

1. 以生命之书为媒介认知和感受生命，开启对生命目的与意义的思考。

2. 通过回顾过往的生命事件，探索和挖掘自身力量以及挫折事件背后的意义。

3. 通过艺术创作，整合生命中的资源，带着力量向未来出发。

### 四、重点难点

重点：在积极心理学视角下，引导学生通过重新整合过去的挫折事件，挖掘出自身的力量与资源，探索事件背后的积极意义，提高学生承受失败和应对挫折的能力。

难点：通过解读绘本、艺术整合创作等方法，引导学生学会转换生命视角,用积极的眼光看待生命过程,培养学生积极乐观的人生态度,以更积极的心态迎接未来生命中的挑战。

### 五、适用年级

高一

### 六、教具准备

装订小书,水彩笔,油画棒

### 七、教学过程

**(一)第一环节:生命如书**

1. 将生命比作书籍,引发学生对生命的感悟和思考。

2. 邀请学生用词汇去描述自己的生命之书。

教师指导语:亲爱的同学们,假如生命是一本书,作为这本书的作者,你希望你的这本书会是什么样子?你可以用你能想到的任何词汇去描述它。

【设计意图】本环节是课堂暖身,从对生命的整体感知导入主题。将生命比作书籍是将生命具象化,更能引发学生丰富的感受和表达欲望,激发学生对生命的探索。

**(二)第二环节:生命目录**

1. 学生通过生命目录重新梳理过往的生命事件,邀请1~2位同学在全班分享。

2. 学生在写下的生命故事中选择一件曾经让自己感到挫折并愿意在这节课上去分享和探讨的事件,思考是什么力量引领自己度过了曾经艰难的时刻并把它写在目录事件对应的那一页纸上，然后进行组内分享和班内分享（学生可以不分享故事，只分享度过艰难时刻的资源）。

思考：在当时那么痛苦那么难过的时候，到底是什么让你重新再站起来？

你自己有哪些素质帮助你度过了那段经历？

【设计意图】本环节首先透过生命日录让学生梳理生命过往中的美好和挫折，形成对生命的完整认知和体验。分享的部分能够增加学生对挫折事件的认同感，有助于学生学会接受苦难与困难是生命的一部分。让学生自主选择一件挫折事件进行分享和探讨，有助于确保学生的敞开程度在安全可控范围内。着眼于生命目录中曾经挫折和困难的部分，针对这部分进行引导、教育，旨在挖掘学生生命中蕴含的力量和资源，帮助学生领悟挫折事件背后的意义，提高学生的心理韧性和抗挫折能力。

（三）第三环节：生命的"礼物"

1. 学生欣赏绘本《变焦》的部分图片，结合挫折这个主题分享观看图片之后的感悟。

2. 学生带上广角镜头，在刚才的挫折事件中提炼出一份"礼物"，并把"礼物"画在相应的页面上（不是美术创作，没有美丑好坏）。

3. 学生在小组内轮流分享生命"礼物"，邀请代表在全班展示分享。

【设计意图】本环节进一步关注生命中的挫折和困难，引导同学们转换视角，从更宽广的视野看待生命旅程中的失落和沮丧，目的在于帮助同学们学会用积极的方法面对生命中的痛苦与失落。绘制生命的"礼物"是整堂课的升华部分，学生通过提炼挫折事件赋予自己的礼物、将"礼物"绘制在生命之书上为自己的生命赋能。分享的部分再次强化生命的"礼物"带给个体的成长的力量，促进新观念的生成与内化。

（四）第四环节：谢谢你照耀了我的生命

学生回顾过往生命中曾给予自己温暖、力量、支持与爱的人，用自己喜欢的方式把他们的名字写在最后的致谢一页。

【设计意图】结束环节再次为学生赋能，致谢有助于学生升起感恩之心，更加清晰看到生命中的资源，推动学生将课上汲取到的能量和对生命的积极感悟向课外延伸，向未来的生命旅程延伸。

未完待续……

课后作业：为生命目录中的其他生命事件找到礼物，分别在对应的页面上绘制出来。

课后思考：对于生命目录中那些积极成功的事件，请思考：你当时是如何做到的？

结束语：亲爱的同学们，我们的课程即将结束，但对于生命的探索才刚刚开始，我们的生命之书还留有很多空白，比如你想要怎样设计这本书的封面？这本书如果有一个名字的话，你会将它命名为什么？大家可以在课下继续思考和探索。我们还有更精彩的未来等待我们去书写和描绘，请带上你今天收获的"礼物"，让我们一起向未来，续写人生新篇章。

### 八、活动反思

**1. 活动主线，理论支撑，层层递进**

本节课以《中小学心理健康教育指导纲要》为指导，《中小学心理健康教育的理论与实践》与积极心理学为主要理论依据，在准确把握高中生身心发展特点的基础上，根据高中学生的学情特点，创造性地将表达性艺术治疗的理念应用于心理课堂教学。课堂设计以活动为主，在活动中觉察、表达、体验、反思。紧密围绕生命之书，设置了层层递进的探究点，不断激发学生的创作热情和表达欲望，在艺术创作过程中深化自我探索，力求真正落实教学目标。

从整体的设计思路上，本节课将生命具象化为一本书，对生命之书的各个部分进行创作，促进同学们对生命的深度感悟和思考，引发同学们对生命的整体感知。生命目录部分引导同学们回顾过往的生命事件，包括积极事件和挫折事件。对挫折事件进行工作是本节课的重点。这节课对挫折事件进行了三次工作。首先是挖掘引领自己走过艰难时刻的力量，其次是转换生命视角，用广角镜头再看挫折，最后是提取挫折事件带给自己的不在预期之内的"礼物"。这几个环节紧密围绕挫折事件，层层递进，引导学生从苦难和困难中读出意义，整合生命中的力量和资源，为学生未来的生命旅程积蓄力量。

**2. 面临的挑战**

在课堂上，回首过往的生命故事以及生命事件的分享非常容易引发学生比较复杂的感受，现场可能会出现一些状况。我们该如何去应对这样的挑战呢？我想我们要有足够的思想准备、专业准备和现场措施。为负向事件赋予一个积极的视角或正向的意义。

在实际课堂上大多数学生分享的负向事件都是一般水平的，但是不排除有的学生会很大程度地敞开，这样的课堂学生很容情绪波动大。教师不能简单地认为这是课堂深度的表现，不能再继续去挖掘这些事件，要思考怎么样去处理这些情况，以更好的疗愈为目的，而不仅仅是为了追求课堂的深度牺牲了安全性和保密性，给学生带来二次伤害。因此，如何在这样的一堂课上引导学生把握所分享故事的程度，从而更好地保护学生的隐私和安全是老师必须考虑的一个问题。

在上课的过程中，也可以将生命目录环节进行调整，可以把从出生到现在的时间跨度调整为仅限高中阶段，把生命事件的范围缩小到跟高中的学习与生活相关。这样就避免了学生在课堂上公开比较深的负性生活事件。

最后，作为心理老师，要有深厚的心理学素养，在课堂上要营造安全的氛围并引导学生尊重和保护伙伴的生命故事，对学生的分享给予积极的回应，关注到课堂上的每一个人，同时还要加强对课堂各环节的组织和关注。

# 生涯教育领域活动设计举例

## 设计我喜欢的高中生活

山东师范大学附属中学　卢敏

### 一、课程背景

处于青年初期的高中生有着广阔的发展前景，他们对未来充满了憧憬和期待，同时也存在着迷茫与困惑。高一学生正处于这一发展阶段的关键点，他们面临着新高考改革的变化，需要深入了解自己的兴趣和优势，掌握规划人生的方法和路径，从而找到发展方向和定位。《济南市中小学心理课程标准（实验稿）》根据学生心理需求与工作实际，提出八大学习领域，本课内容为"生涯教育"领域中高一年级"生涯教育"单元的第一课。通过课堂活动和体验，帮助学生初步了解生涯规划的意义和理念，引导学生规划自己的高中生涯，并尝试将探索内容运用于实际学习和生活中，进一步激发他们内在的发展动力。

本课程引导学生运用绘画和设计"愿景板"等方式，通过对"高中元素图片"的选择，帮助学生以视觉化的效果呈现未来愿景，降低学生创作过程中的难度，丰富学生的生涯规划和心理表达的通道，激发学生积极向上的成长动力。

### 二、相关理论

心理绘画：是一种以图像方式表达自己内心真实想法，及对外界事物认知的方法，心理绘画也是一种心理投射测验。绘画所传递的信息量，远比语言丰富，可以把无形的东西有形化，把抽象的内容具象化。

愿景板（Vision Board）：愿景的英文"vision"源于拉丁文的"videre"，即看见的意思。"愿景"中描绘的未来图像越翔实、丰富，发挥的作用就越大。教育者为了青少年能做好大学选择和职业生涯的准备，通过指导学生制作愿景板，让学生有机会想象和陈述他们未来的目标。

### 三、活动对象
高一年级

### 四、活动目标
1. 初步了解开展生涯规划的意义和重要性（难点）
2. 设计"我喜欢的高中生活"愿景板，尝试规划个人高中生涯的发展内容（重点）
3. 挑战将愿景转化为行动目标，进一步激发内在动力

### 五、活动准备
课堂任务单，高中生涯元素图片，剪刀，双面胶，彩笔

### 六、活动过程
（一）导入

展示心理课堂公约。

教师引导：欢迎来到心理课堂。我们刚刚度过了一个温暖而快乐的寒假，共同观看了2022年冬奥会。大家还记得本届冬奥会的主题是什么吗？（学生：一起向未来！）很好，看来大家对"未来"这个词非常熟悉了。那么，你思考过自己的未来吗？（留出时间让学生短暂思考，并播放"PART 1 共同绘未来"PPT）让我们一起探索未来，进入第一个活动"共同绘未来"。

（二）PRAT 1. 共同绘未来

活动规则：

1. 6人小组，每人挑选一支自己喜欢的彩笔代表自己的未来。

2. 共同思考：你希望自己的未来会有哪些元素出现在生活中。

3. 每人20秒的时间，在任务单PART1画框里，快速画出自己的未来元素。时间一到立即停止。

4. 请将手中的任务单快速传递到下一位同学手中。

5. 下一轮仍为20秒时间，在别人的任务单上绘画。可以接着上一位同学绘画的内容继续，也可以画自己喜欢的元素。

6. 依次进行作画，直到最初的任务单传递回发起人的手中。

PRAT1　共同绘未来

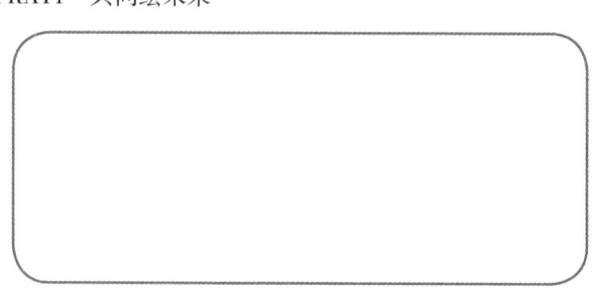

课堂任务单

教师：绘制完毕，大家都比较激动，不了解别人为自己设计了什么。大家有2分钟的时间讨论交流，疑惑之处可以向绘制的同学提问。（学生讨论）

下面我们思考以下3个问题：

1. 画纸上是你想要的未来元素吗？

2. 哪些是你满意的，哪些不满意？

3. 你的未来愿意交给别人去设计吗？

【设计意图】1. 引发学生尝试思考自己的未来元素，通过轮流绘画的形式激发学生的参与感与好奇心，提升班级讨论氛围。

2. 通过提问，学生思考他人帮自己设计的未来满意和不满意之处。对绘画表示"满意"的同学，教师可以肯定其小组成员彼此熟悉，了解成员的发展意向；对提出"不满意"的同学，教师可重点问一下其渴望的元素，继而带出本活动的最终目的：没有人愿意把未来交由别人设计，如活动中的体验一般，生涯由自己设计和规划才更有意义，这也是生涯规划的重要作用。

播放本课程主题PPT。

教师：从本节课起，我们进入生涯教育单元，今天的主题是"设计我喜欢的高中生活——生涯规划初探"，由你自己尝试设计和规划高中三年的生活。

（三）PART 2. 设计"我喜欢的高中生活"愿景板

活动规则：

1. 小组成员共同浏览学校文件袋中的高中元素图片。

2. 全部浏览后，将喜欢的元素图片剪下来，用双面胶粘贴在"PART2.我喜欢的高中生活愿景板"相应的象限中（如果有多位同学同时看中一张图片，可寻找类似的图片替代，也可手绘、手写该图片含义。）

3.挑选自己喜欢的元素，但不以数量取胜。

4.如果自己确定的某未来元素没有相对应的图片，可在愿景板简单手绘或书写文字。

PRAT 2.设计"我喜欢的高中生活"愿景板

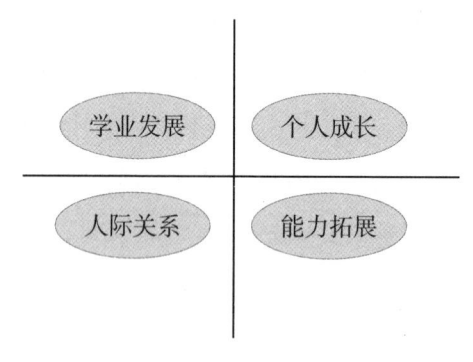

|  学业发展  |  个人成长  |
| --- | --- |
|  人际关系  |  能力拓展  |

课堂任务单

教师：展示设计图例并简单解释四个象限中的内容。个人成长：可以促进你成长的元素，如健康饮食、生活方式、阅读等；学业发展：某些学科，喜爱的知识领域等；人际关系：与同学、家人、老师等的人际关系状态；能力拓展：想要发展的技能、兴趣爱好等。此过程教师边讲解边示例（PPT逐项展示）。

**PART 02　设计"我喜欢的高中生活"愿景板**

设计与制作：时间为 12～15 分钟。播放背景音乐，营造舒缓氛围。教师在制作过程中全程陪伴、观察和见证，随机解答学生的提问。

分享与展示：教师引导小组成员互相欣赏作品，提问在制作过程中的感受与收获。最后根据课堂剩余时间情况，邀请若干学生用实物展示台展示作品并进行全班分享。

【设计意图】1.将高中元素图片装在学校文件袋中，寓意着在学校这片沃土上，有丰富的内容供同学们在高中三年探索和规划。

2.通过视觉化的元素选择，降低学生的创作难度，丰富和扩展学生原有认知中高中阶段的成长内容，鼓励学生大胆地创作和表达。

（四）课后作业：设计行动内容

尝试在两张最喜欢的元素旁，设计立即就能行动的内容，助力达成愿景目标。（PPT 讲解和示例）

【设计意图】引导学生思考如何达成愿景，尝试设计行动内容，用愿景规划未来生活。

教师总结：本节课即将接近尾声，大家亲手制作了"我喜欢的高中生活"愿景板，希望大家把它放在自己的"心灵成长"夹子中（学期初每个同学准备了文件夹盛放自己的心理课任务单），当你困惑、迷茫时，可以拿出来看一看自己的愿景板，回想你在创作它时期待和喜悦的心情，帮助自己找到内心的答案和面对未来的信念。只有当我们亲自规划未来时，才能成为自己人生的设计师。期待和大家一起开启更多的生涯探索！

# 生活和社会适应领域活动设计举例

## 你好，高中

济南市莱芜第一中学　李绪兰

### 一、主题背景

在比较短的时间内适应新环境是一种非常重要的能力。高一新生处于初高中衔接的关键时期，学习环境、人际环境以及课业特点的变化，都需要学生适应。大多数学生在一个学期过后都会逐渐适应，也有部分学生在一个学期后仍然适应不良，出现很多心理及行为问题。

本课的授课对象是高中新入学的高一新生，相比其他年级的高中生，他们需要面对更多的学习适应问题。在新的学段中，给自己重新定位，思考自身的优势和不足，扬长避短，对新入学的高一学生来说至关重要。本课通过活动体验、分享总结、制定行动单等方式，帮助高一学生了解心理落差的普遍性，学会给自己重新定位，尽快适应高中学习，重树信心。

### 二、活动目标

1. 了解适应新学习环境的重要性，了解心理落差存在的普遍性，了解适应高中生活过程中的困惑和影响因素。

2. 对高中生活适应产生积极的情感，有希望感。

3. 学会对自己的学习重新定位，在行动中纠正定位，增强适应能力。

### 三、适用年级

高一年级

### 四、活动方法

讲述法、活动体验法、讨论法

### 五、活动准备

多媒体课件，A4白纸，彩笔。

场地准备：提前分好六块区域。

学生准备：一本记录本、一支签字笔。

### 六、活动过程

（一）团体暖身活动：小鸡变凤凰

活动过程：

分组，每组 8~10 人。

老师讲述活动规则——全体同学蹲下，此时大家都是"小鸡"。小组内两人一组用"剪刀石头布"的猜拳游戏分出胜负，获胜者"进化"为"大鸡"，可以站起来；失败者仍为"小鸡"，仍蹲着。接下来，"大鸡"和"大鸡"猜拳，获胜者"进化"为"凤凰"，不再参与猜拳，失败者则"退化"为"小鸡"。最后，"小鸡"和"小鸡"猜拳，"大鸡"和"大鸡"猜拳，直到游戏无法进行，游戏结束。

分别采访小鸡、大鸡和凤凰。

教师提问：在游戏中你有哪些感受？

学生分享：沮丧、失落、开心、平静……

教师小结：在游戏中，同学们的感受各不相同，不仅是异类角色之间有感受差异，而且同类角色间也有感受差异。在每一个群体中，"凤凰"只是少部分，大部分人是"小鸡"或者"大鸡"。有些人经过努力，最终从"小鸡"进化成了"凤凰"，也有一些人因为环境的改变从"凤凰"变成了"大鸡"，甚至退回到了"小鸡"。这样的例子在生活中屡见不鲜，我们从初中进入高中，同样也是一个环境转变，相信同学们也有一些感受，接下来我们一起来分享当下你的感受。

【设计意图】用游戏活跃课堂氛围，调动学生的积极性，让学生感悟"转变"在生活中无处不在，为本课的主题作铺垫。

（二）团体转换阶段：分享你的期待和当下的感受

教师提问：你期待中的高中生活是什么样子的？请大家随机起立表述自己的期待，可以是完整的句子，也可以是一些关键词。

学生分享：1.刚接到录取通知书时，我的感受有期待、担心、好奇……

2.进入高中后，发现宿舍、班级跟想象中的不一样，我有失落……的感受；作息时间很紧张，每天都有感觉睡不够的感受；食堂的饭菜很好吃……

教师提问：我们可以看到，在分享过程中，很多同学都表达了同样的感受，这是为什么呢？影响你们感受的有哪些因素呢？

学生分享：生活节奏的变化、同伴的变化、成绩的变化……

教师总结：其实，我们所有人的开心与不开心都是同一件事情带来的——升学：新环境、新班级、住宿。高中不仅仅是人生新的起点，也可以是生命的转折点。要适应高中生活，最重要的就是要有适应力。

**【设计意图】**团体转换阶段是一个过渡阶段，在这一阶段中，我们需要揭示本课的主题。本环节用分享的方式引起学生的共鸣，在对"为什么很多人都有一样的感受"的思考中，引导学生明白从初中进入高中，出现心理落差是正常现象，需要做的是提高自己的适应力，明白高中阶段的目标，尽快调整自我定位，以适应新的学习环境。

（三）团体工作阶段：应对不适应，我们如何做

从心理学的观点看，每个人都会因原有的经验，形成固有的思考方式，如果一个人能把变化纳入自己脑中，环境变了，他能更新原有经验，学习新的观念，适应新的挑战，这个能力就叫适应力。

很多同学都问道，我们大概会有多久的时间才会适应，这个适应的时间可能是3天到半个月不等。现在，我们一起讨论可以提高适应力的方法。下面，请大家准备好一张空白的纸，写下一个如下的工作单。

提高适应力工作单

|  | 有哪些变化/变化有哪些意义 | 积极经验 | 可以确定的事情 | 替代行动 |
|---|---|---|---|---|
| 生活 |  |  |  |  |
| 人际 |  |  |  |  |
| 学习 |  |  |  |  |

分组讨论：

1. 在生活、人际、学习三个方面，我们都有了哪些变化，这些变化的积极意义是什么？

2. 以前的生活中、人际交往中以及学习上有没有好的积极经验？

3. 在生活、人际、学习上，有哪些是你可以确定的事情。大家在讨论的时候可以从这样的方面考虑：比如同学们说，一开学就要考试了，现在什么都不会，我特别焦虑。他其实是在担心一个未知的事情。我们要将这件事情转变为确定的事情。确定的事情不是保证能考好，而是用当下的时间解决你什么都不会的事情。那么大家要解决哪些你不会的事情？

4. 针对生活、人际、学习方面的不适应，有什么可以替代的项目呢？

小组讨论并分享：

1. 看见新变化的意义；

2. 利用积极经验：如，会讲冷笑话——对别人讲一个冷笑话；会打球——约同学去打球；善于思辨——和同学讨论一些社会热点……提升人际沟通适应能力。

3. 从能确定的事情开始：如掌握一道你不会的题目，背出一篇你不会的课文或掌握一个你不会的语法……

4. 替代行动：书写自己的情绪日记……

教师总结：其实，进入高中，每个人多少都处于不确定当中，我们也不可能百分百处于"满血"状态，更不能长期保持铆足干劲的状态，但是胡适先生说，进一寸有一寸的欢喜。从我们可以做最小的一步做起，相信大家一定会在高中生活中收获自己的欢喜。

【设计意图】团体工作阶段是本课的重点和核心。本环节通过讨论总结的方式，从生活、人际、学习三个方面，帮助学生在行动中提升适应力。

（四）团体结束阶段

高中三年，注定是一段既欢乐又痛苦的旅程，在这段旅程中同学们会迈入成年，收割欢乐、痛苦、骄傲，你们会完成一次又一次的自我蜕变。这三年是逐步构建起你们价值体系的三年，是为了未来更好的平台而努力拼搏的三年。三年后，这列车驶向何方，其实方向盘是把握在我们每个人自己手中的。让我们怀抱希望，一起启航。

## 七、板书设计

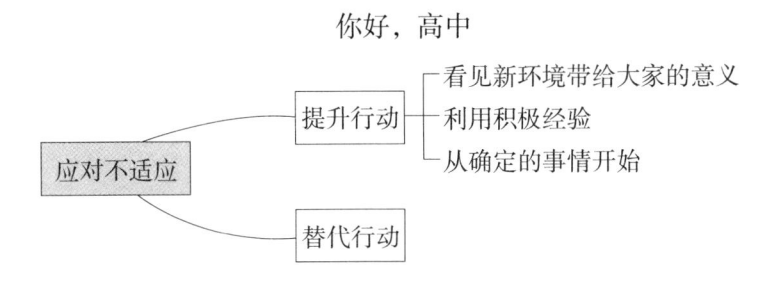

你好，高中

```
              ┌─ 看见新环境带给大家的意义
      ┌ 提升行动 ─┼─ 利用积极经验
应对不适应 ┤       └─ 从确定的事情开始
      └ 替代行动
```

## 八、活动反思

本堂课的设计思路是，从游戏导入，活跃氛围，揭示主题；通过生生分享，帮助学生理解出现心理落差是正常的，我们要做的是调整自己，重新定位；最后从生活、人际、学习三个方面讨论总结，引导学生提升适应力。

整堂课分为三部分：活动—分享—讨论总结。总的来说，设计思路清晰简洁，重点突出，时间分配合理；通过"提高适应力工作单"的制定，给学生提供一种实际可行、适合自己的方法，运用到实际生活中，具有可操作性和现实意义。

本堂课的不足之处：本课的定位是学习适应，但在探讨的过程中，学生会出现扩大讨论范围的情况，例如会涉及新环境适应、新人际关系适应，或者不具体指哪方面，就是谈论笼统的适应问题，需要教师及时引导；在制定"提高适应力工作单"表格的过程中，学生的讨论不够充分，并且会因彼此之间缺乏充分了解，出现无法客观预估的状况，导致定位出现偏差。

总的来说，本堂课的安排还是较合理的，学生们能感同身受，能掌握生活、人际、学习三个方面提升适应的方法。

# 积极心理学理念活动设计举例

## 幸福快到碗里来

济南外国语学校　石于乔

### 一、选题依据

1.《中小学心理健康教育指导纲要》：中小学心理健康教育，是提高中小学生心理素质、促进其身心健康和谐发展的教育；要立足教育和发展，培养学生积极心理品质，挖掘他们的心理潜能。

2.《济南市中小学心理课程标准（实验稿）》：中小学心理课程遵循的基本理念是积极心理学。

3.积极心理学视角：积极心理学把人看成是有潜能的个体，强调人的主观性与能动性，认为心理学的使命应该是帮助人开发潜能，使人乐观地面对生活，追求人生幸福。

### 二、学情分析

1.前来咨询的学生中，不乏为自己贴上"不幸福"标签的学生，在他们看来，幸福好像是两极分化的，一旦认定自己不幸福，便拒绝接收任何与幸福相关的事物，他们的"幸福碗"是空的。

2.也有些学生认为幸福仅是当下的快乐，看不到困难和挑战对自己的意义，不能意识到目标感、使命感等未来的获益也是幸福的一部分。

3. 郑晓边教授主持的中国教育部重点课题《高中生心理健康测评与团体辅导实验》表明，78%的中国高中生认为"青春年华是痛苦的"，79%的人"觉得生活灰暗"。

因此，如何提高学生的生命质量，如何提高学生的幸福感，就显得特别重要，所以将本课主题定为发现并追求幸福——"幸福快到碗里来"。

### 三、活动目标

1. 打破对幸福认知的两极分化，帮助学生树立幸福的信念，提高幸福感。

2. 升华幸福的含义，平衡当下的快乐与未来的获益。

3. 消除对幸福的习得性无助，激发学生发现与追求幸福的主观能动性，了解追求幸福的方法。

### 四、活动年级

高一年级学生

### 五、活动准备

每人一只空白纸碗、彩色纸条若干、视频"央视关于'你幸福吗？'的采访"、"幸福强心剂"表单

### 六、活动过程

#### （一）引出幸福

播放视频：央视关于"你幸福吗？"的采访

【设计意图】本环节为导入环节，该视频搞笑又紧贴主题，活跃课堂气氛的同时，引出"幸福"主题并引发思考"我幸

吗?"。预计用时3分钟。

**（二）发现幸福——人人都有一只幸福碗**

道具：每人一只空白纸碗，彩色纸条若干。

1. 请回想近一周让你感觉到幸福的事情或者瞬间，选择相应颜色的彩纸，简要记录并折叠放进你的碗里。

【设计意图】引导学生回想、发现生活中实实在在、点点滴滴的幸福，并把它们记录下来。

2. 小组讨论：幸福有刻度吗？是否能在碗上划出一条线，记录的点滴高于此线即幸福，低于此线则不幸福？

【设计意图】打破对幸福认知的两极分化，帮助学生树立幸福的信念。将"我幸福吗？"转变为"今天有没有更幸福？如何才能更幸福？"

预计用时8分钟，至此完成活动目标1。

教师询问，学生思考：你的碗是空的吗？假如你的幸福很少怎么办？（静默，无需回答，引出环节三）

**（三）解析幸福——大家的碗里都有什么？**

1. 小组分享：大家的碗里都有什么？（尊重个人意愿，不强制分享全部）

2. 教师引导：有没有发现被你忽略掉的"幸福"，可补充在自己碗里。

3. 班内分享感受（2~3名同学）

4. 教师总结引导

【设计意图】消除对幸福的习得性无助，激发学生发现与追求幸福的主观能动性，拓宽幸福的范畴。

预计用时 13 分钟。

### （四）升华幸福——你要选哪种汉堡？

从四种汉堡的选择，衍生出四种生活模式：忙碌奔波型、幸福型、虚无主义型、享乐主义型。分析四种模式中当下与未来的获益，引导学生得出"幸福 = 当下的快乐 + 未来的获益"。进一步以学习为例，引发学生对待学习更积极的态度。

【设计意图】升华幸福的含义，懂得平衡当下的快乐与未来的获益。同时，学习是影响学生幸福感的重要因素，在此以学习为例，改善学生对待学习的看法，也有助于整体幸福感的提升。

预计用时 5 分钟。至此完成活动目标 2。

### （五）追求幸福——幸福快到碗里来

1. 小组讨论并分享：如何才能更幸福？

教师总结并补充获得幸福的方法，借鉴泰勒·本－沙哈尔（Tai Ben-Shahar）10 条幸福小贴士"：

（1）遵从你内心的热情：选择对你有意义并且能让你快乐的课，不要只是为了轻松地拿一个"A"或"优"而选某一门课，或选你朋友上的课，或是别人认为你应该上的课。

（2）多和朋友们在一起：不要被日常工作缠身，亲密的人际关系是给你带来幸福感的信号，最有可能为你带来幸福。

（3）学会失败：成功没有捷径，历史上有成就的人，总是敢于行动，也会经常失败。不要让对失败的恐惧，绊住你尝试新事物的脚步。

（4）"接受自己全然为人"：失望、烦乱、悲伤是人性的一部分。接纳这些，并把它们当成自然之事，允许自己偶尔的失落和伤感。然后问问自己，能做些什么来让自己感觉好过一点。

（5）简化生活：更多并不总代表更好，好事多了，不一定有利。你选了太多的课吗？参加了太多的活动吗？应求精而不在多。

（6）有规律地锻炼：体育运动是你生活中最重要的事情之一。每周只要3次，每次只要30分钟，就能大大改善你的身心健康。

（7）睡眠：虽然有时熬夜是不可避免的，但每天7到9小时的睡眠是一笔非常棒的投资。这样，在醒着的时候，你会更有效率、更有创造力，也会更开心。

（8）慷慨：现在，你的钱包里可能没有太多钱，你也没有太多时间，但这并不意味着你无法助人。给予和接受是一件事的两个面。当我们帮助别人时，我们也在帮助自己；当我们帮助自己时，也是在间接地帮助他人。

（9）勇敢：勇气并不是不恐惧，而是虽心怀恐惧，仍依然向前。

（10）表达感激：生活中，不要把你的健康、家人、朋友、教育等这一切当成理所当然的。它们都是你回味无穷的礼物。

记录得到的点滴恩惠,始终保持感恩之心。每天或至少每周一次,请你把它们记下来。

2. 练习:"幸福强心剂"表单

按星期列一张"幸福强心剂"表单,然后按照上面的去做。可以包括一些日常的事情(和家人相聚,阅读等),以及一些有新鲜感可能改变生活的事情(在学校当义工等),或者借鉴泰勒·本-沙哈尔的"10条幸福小贴士"。

| | | |
|---|---|---|
| 我的"幸福强心剂" | 星期一 | 我要…… |
| | 星期二 | 我要…… |
| | 星期三 | 我要…… |
| | 星期四 | 我要…… |
| | 星期五 | 我要…… |
| | 星期六 | 我要…… |
| | 星期日 | 我要…… |

3. 2~3名同学分享感受(根据课堂时间)

4. 教师总结,布置课下作业:

(1)收集更多的幸福放进碗里并装饰自己的幸福碗;

(2)完善一周"幸福强心剂"表单并付诸行动。

【设计意图】强化学生追求幸福的意识,了解追求幸福的方法。利用"幸福强心剂"表单,帮助学生从"小尝试"到"大行动",让改变更容易。

预计用时11分钟。

后面三个环节共同完成活动目标3。

## 七、活动反思

1. 创新点：用"幸福碗"的形式将"幸福"这一宏观概念具象化，不空洞，利于学生聚焦和活动目标的完成。

2. 需注意的点：课堂生成较多，注意反馈；如果有学生碗里一直是空的，课后及时关注。

3. 不足：课堂内容较多，需要掌控好时间；幸福是个很大的话题，教学设计应该更加具体化，课后应有后续工作巩固本节课教学效果。

## 附录：济南市中小学心理课程标准项目组主要参与人员名单

| 内容 | 小学 | 初中 | 高中 | 负责人 |
| --- | --- | --- | --- | --- |
| 自我意识领域 | 毛小霞、孙立华、赵康婷、曾亚南 | 何婷、王婕 | 王彦芸 | 钱凤芹 |
| 学习心理领域 | 周秀芹、梁杰、李芹、王玥 | 闫广芳、隗迎 | 杨菁华 | 周秀芹 |
| 人际交往领域 | 徐延玲、臧晓霞 | 周冬华、王艳、赵燕华 | 王彩云、张宏伟 | 王茹 |
| 情绪调适领域 | 马俊、徐蕾 | 张丽霞、邢友娟 | 王晓娜、刘颖 | 张海霞 |
| 性教育领域 | 刘萌、魏胜男 | 王立娥、张安慰、孔芳 | 石于乔 | 张安慰 孔芳 |
| 生命教育领域 | 宫克文、侯传科、王芳、魏平 | 党翠香、李丽、张爱红、张丽 | 赵鹏、刘倩倩、王成蛟 | 赵鹏 |
| 生涯教育领域 | 陈万霞、孙蕙、叶蓓蓓 | 刘颖、朱国庆 | 卢敏 | 马莉 陈万霞 |
| 社会适应领域 | 吴勇、刘京连 | 刘承爱、许成涛、曲怀英 | 李绪兰、张晓、孙春凤 | 刘承爱 |
| 文献综述 | 韩海萍、李修杰、周冬华、周秀琴、张文君、魏秀杰、赵燕华、郭荣 | | | 温学琦 范心胜 |
| 核心素养、实施建议 | 李哲、卢敏、周冬华、孔芳、张宏伟、刘萌 | | | 李哲 |
| 整体审核 | 魏秀杰、李哲、孔芳 | | | 石建军 |

对以上所有参与济南市中小学心理课程标准编制的老师们以及所有支持本项目的各位领导、老师们表示衷心的感谢！

# 后 记

　　以教育部全国中小学心理健康教育工作会议的召开和《中小学心理健康教育指导纲要（2012年修订）》为标志，中小学心理健康教育从民间推动向官方主导发展，从基层探索到国家有计划地推进，全国中小学心理健康教育逐步走上了发展正轨。全国各省市自治区纷纷出台了加强学校心理健康教育的政策文件，将心理健康教育纳入教育督导和年终考核工作中，各校也纷纷配置了专职或兼职心理教师。

　　近十年来，在济南市教育局的高度重视和大力支持下，全市中小学心理健康教育得到了较好普及。但作为心理健康教育重要载体的心理课程却一直难有质量上的飞跃。其重要原因是：广大中小学校和一线心理健康教师一直缺乏一部对心理课程具有规划、指导、评价意义的课程标准。老师们在上课过程中选题随意，缺乏系统性，使得心理课程的效果受到一定的影响。更为遗憾的是：我们发现，我们这些致力于心理课程研究和实施的人员却不具有编制课程标准的权限。

　　2001年，教育部在《基础教育课程改革纲要(试行)》的课程管理条目中规定：教育部制订国家课程标准；经教育部批准，省级教育行政部门可单独制订本省范围内使用的课程计划和课程标准。于是，我们只能等待。2002年，教育部在《中小学心理健康教育指导纲要》中提出心理健康教育的途径和方法之一是"开设心理健康选修课活动课或专题讲座"。在没有课程标准的情况下，心理健康课程的核心价值是什么？本质特征是什么？目标体系、学习领域是什么？实施要求有哪些？课程资源从哪里来？诸如此类的问题，困扰着一大批致力于促进学生心理健康发展的教师们。他们期待的目光和探索的热情催促着我们"冒天下之大不韪"，从2014年开始踏上了研制济南市心理课程标准的路。历时七年，终成此稿。我们的课程标准有四大特色：

一是构建了从小学到高中一体化的心理课程标准。各学习领域从小学到高中共分三个学段五个水平（小学分为低中高三段），层次递进，体系完整。

二是构建了符合学生实际的八大学习领域。在《中小学心理健康教育指导纲要（2012年修订）》提出的心理健康教育工作的六大主要内容的基础上，根据工作实际和学生需要，又增加了生命教育和性教育，构成了自我意识、学习心理、人际交往、情绪调适、性别教育、生命教育、生涯教育、生活和社会适应这八大学习领域，使主题（学习领域）选择更加符合中小学师生的实际，内容更加丰富充实。

三是构建了独具特色的心理学科核心素养并落实在教学中。我们构建的修己、达人、济天下的心理学科核心素养，将积极心理学的理念、社会主义核心价值观和传统文化有机融合起来。通过学生发展内涵标准，将此核心素养落实在教学之中。

四是构建了内容全面、重点突出、操作简便的中小学心理课课堂教学评价指标体系。该体系包括目标与内容、过程与效果、教师素质3个一级指标和9个二级指标及对应的三级指标，涵盖了教学目标、教学内容、教学过程、教学效果和教师素质等五大要素，突出了教学过程和教师素质。

《济南市中小学心理课程标准（实验稿）》的研制编写，不仅为老师们的心理教学带来了依据，同时也为中小学心理课程教研提供了科学的参考，使得老师们选课、上课、评课有标可参，有据可循，有法可依，以此促进中小学心理课堂教学科学有序地推进。

本书可供中小学心理教研员、心理教师和心理健康教育工作者使用。

感谢所有参与济南市中小学心理课程标准编制的老师们以及所有支持本项目的各位领导和老师们，没有你们的支持，就没有本书的面世。

尽管我们已经尽心尽力想做好，由于时间和水平有限，疏漏之处在所难免。在此我们真诚地欢迎老师们给予批评指正及意见建议，对心理课程标准的使用情况进行积极的反馈，使心理课程标准更加科学合理，使心理课程教学更加系统规范。

石建军

2022 年 7 月